Chris Windle
Warum Männer tun, was sie tun

PIPER

Zu diesem Buch

Warum angeln Männer im strömenden Regen? Wieso verbringen sie Stunden vor TV-Dokus über Haie? Und warum riechen sie an ihren getragenen Socken? Dieses Buch erklärt das manchmal bizarr anmutende Verhalten moderner Männer von A bis Z. Wenn auch Sie schon einmal verwundert beobachtet haben, wie ein Mann auf ein lebloses Objekt einredet, statt einfach die dazugehörige Gebrauchsanweisung zu studieren, sollten Sie dieses Buch lesen!

Chris Windle ist freier Autor und Journalist und schreibt u. a. für *Cosmopolitan*, *Glamour*, *Daily Telegraph* und *The Times*. Er hat bereits ein Kochbuch mit Pferdefleischrezepten veröffentlicht, was eigentlich nicht Teil seines Karriereplans war. Windle lebt mit seiner Familie in Bath, England.

Chris Windle

WARUM MÄNNER TUN, WAS SIE TUN

Betriebsanleitung für den modernen Mann

Aus dem Englischen
von Viola Krauß

PIPER
München Berlin Zürich

Mehr über unsere Autoren und Bücher:
www.piper.de

Die Originalausgabe erschien 2015 unter dem Titel »Why Men
Skim Stones« bei Square Peg, einem Imprint von Vintage Publishing.
Vintage Publishing ist Teil von Penguin Random House UK.

Originalausgabe
Dezember 2016
© Chris Windle 2015
Chris Windle has asserted his right to be identified as the author of this
Work in accordance with the Copyright, Designs and Patents Act 1988.
© der deutschsprachigen Ausgabe:
Piper Verlag GmbH, München/Berlin 2016
Innenabbildungen: Quinton Winter © Square Peg 2015
Umschlaggestaltung: Zero Werbeagentur, München
Umschlagabbildung: Quinton Winter
Satz: Uhl + Massopust, Aalen
Gesetzt aus der Apollo MT
Druck und Bindung: CPI books GmbH, Leck
Printed in Germany   ISBN 978-3-492-30950-9

Inhalt

S WIE...

T WIE...

U WIE...

Einleitung

Haben Sie jemals einen Mann beobachtet und sich dabei gefragt: »Was macht *der* denn da?« Wenn die Antwort darauf lautet, wie sie lauten sollte, nämlich »Ja«, dann halten Sie das richtige Buch in Händen.

Als Shakespeare schrieb: »Der Narr hält sich für weise, aber der Weise weiß, dass er ein Narr ist«, tat er die Tatsache kund, dass die meisten Männer auf die ein oder andere Weise idiotisch sind. Ja, wahrscheinlich verfasste er die Zeilen, als er Zeuge eines Mannes wurde, der sich mit einem leblosen Gegenstand zankte, der so tat, als würde er ein Stück Besteck hinunterschlucken, oder sich daranmachte, einen meterbreiten Hamburger zu verschlingen.

Viele der seltsamsten Angewohnheiten des Mannes sind zu einem solch festen Bestandteil der männlichen Identität geworden, dass die Gesellschaft sich keine Gedanken mehr um mögliche Erklärungen dafür macht. Hier haben wir jedoch endlich ein Buch vorliegen, mit dem wir uns in das männliche Gehirn hineingraben können, ohne eine Sauerei auf dem OP-Tisch anzurichten. Ein Buch, das Licht darauf wirft, warum er so viel mehr Zeit mit dem Sinnieren über die Zombie-Apokalypse verbringt, als streng genommen nötig wäre, wenn man die Wahrscheinlichkeit einer solchen bedenkt. Ebenfalls enthalten sind praktische Anleitungen, mit denen mann in für ihn mitunter schwierigen Situationen auftrumpfen kann, etwa: wie man eine Heizung entlüftet, wie man eine Spinne fängt oder wie man ein Neugeborenes hält. Rein theoretisch lieben Männer nämlich Instruktionen. In der Praxis ignorieren sie diese so lange beharrlich, bis alles schiefläuft.

Die hier dokumentierten bizarren Charaktereigenschaften beschränken sich natürlich nicht nur auf Männer – es gibt eine Menge Frauen, die ebenfalls Luftschlagzeug spielen und endlose Stunden mit dem Schauen von Hai-Dokus verbringen. Doch aufgrund der zahlenmäßigen Überlegenheit und der akuten Anfälligkeit für Dummheit sind es die Männer, die sich solcherlei Verhaltensmuster zu eigen gemacht haben.

Einige von ihnen mögen lachen und sagen: »Ha, das bin ja wohl nicht ich« – kurz bevor sie mit einem imaginären Golfschläger das Abschlagen üben. Manche mögen die Tatsache, dass sie nicht allein sind, tröstlich finden und vielleicht sogar ein wenig Stolz ob dieser gemeinsamen Marotten aufkommen spüren.

Bei weiblichen Lesern wird dieses Buch für mehr Verständnis für diese am meisten missverstandene Kreatur von allen sorgen: den modernen Mann. Auch wenn er wieder mal einer sinnlosen, womöglich regelrecht gefährlichen Beschäftigung nachgeht.

A

WIE …

(Sich) Abklatschen

Sollten Sie jemals darüber nachdenken, ob es angebracht wäre, sich abzuklatschen, denken Sie an folgende Regel: Es ist niemals angebracht, sich abzuklatschen. Es sei denn, Sie sind Amerikaner. Das erfolgreiche *High Five* erfordert zwei Leute, die vor ungeniertem Enthusiasmus nur so übersprudeln und keine Spur Zynismus in sich tragen.

Der notorische Abklatscher möchte schlicht allen Menschen zeigen, dass er etwas Tolles geleistet hat. Dies verstößt gegen einige gute Sitten, wie etwa:

1) Eine Abneigung gegenüber Selbstbeweihräucherung. Wenn man Erfolge zu verzeichnen hat, sollte man in aller Bescheidenheit leugnen, dass der betreffende Erfolg kein kompletter Fehler war, der beinahe das eigene Leben zerstört hätte.

2) Eine Verachtung der Erfolge anderer. Warum sollte man jemandes Beförderung feiern, wenn er sie nur deshalb bekommen hat, weil man selbst wieder und wieder von der Geschäftsführung grausam missachtet worden ist?

Actionfilme schauen

Die Handlung mag dünner sein als das Haar von Bruce Willis, das Schauspieltalent würde einen Zaunpfahl beschämen, aber HAST DU DIE MEGA-EXPLOSION GESEHN!

Alphabetisches Sortieren von CDs

Ein Mann verwechselt »Putzen« gerne mit dem Umräumen seines Krams; wenn man ihn darum bittet, den Haushalt zu machen, findet man ihn deshalb womöglich inmitten von CD-Hüllen sitzend und Meat-Loaf-Lieder singend wieder.

Ihre erste Frage wird entweder lauten: »Warum hast du nicht mit dem Klo angefangen?« Oder: »Warum hast du die noch, obwohl wir unseren CD-Spieler vor vier Jahren weggeworfen haben?« Würde es sich um Vinyl handeln, sähe die Sache natürlich anders aus. Vinyl ist nicht dazu da, abgespielt zu werden. Vinyl soll lediglich den Eindruck erwecken, er sei früher irgendwann mal DJ gewesen.

Wenn häusliche Pflichten im Anzug sind, wird ein Mann versuchen, eine Arbeit aufzutun, die nützlich erscheint und doch nur eine Tarnung für etwas Vergnügliches darstellt. Beim Umsortieren der CDs geht es nicht um das »Optimieren des Freiraum-Gerümpel-Verhältnisses«, wie er beharrt. Es geht darum, sich wieder mit dem Album der Smiths vertraut zu machen, das damals der Soundtrack seines ersten Kusses mit Rebecca Krummbüchlberger in der zehnten Klasse war.

Angeln

Viele Männer ziehen das Herumsitzen im Regen mit einem Stock in der Hand dem Herumsitzen in Heizungswärme mit einem Dach über dem Kopf vor. Oberflächlich betrachtet mag einem das seltsam erscheinen.

Das Angeln ist ein Zeitvertreib, bei dem mann es in einem erbitterten Kampf ums Überleben mit den Kräften der Natur aufnimmt. Jener Kampf gestattet es ihm, sich währenddessen hinzusetzen und sich durch eine große Packung BBQ-Chips zu futtern. Wodurch sich der Drang nach Befriedigung des prähistorischen Jäger-und-Sammler-Triebs und die moderne Vorliebe für Reglosigkeit und Überfressen aufs Schönste miteinander verbinden – und das Ganze zu einem beinahe perfekten männlichen Hobby machen.

Schritt 1: Überprüfen Sie, dass sich innerhalb eines Radius von drei Metern niemand befindet.

Schritt 2: Lehnen Sie sich 45° nach vorne.

Schritt 3: Heben Sie das Ende Ihrer Rute auf Augenhöhe und zielen Sie.

Schritt 4: Auslöseknopf der Rolle gedrückt halten. Schnur mit der Wurfhand an der Rute fixieren, Rollenbügel öffnen.

Schritt 5: Beugen Sie den Ellbogen, und heben Sie die Rute so lange an, bis sie anfängt, sich nach hinten zu spannen.

Schritt 6: Schwingen Sie die Rute nach vorn. Beginnen Sie langsam, und werden Sie so lange schneller, bis sie sich in einem 45°-Winkel befindet. Dann nehmen Sie den Finger vom Auslöseknopf.

Schritt 7: Lohnt es sich wirklich, durch heimtückisch schnell fließendes Gewässer zu waten, um den Haken aus dem Schilf zu befreien?

Angst davor, ein Neugeborenes zu halten

Obwohl Männer enorm stolz auf ihr Geschick im Ballfangen und -werfen sind, fürchten sie in ihrem tiefsten Innern dennoch, dass ihre Hände unfallgefährdete Fleischklumpen sind, die sie jederzeit im Stich lassen können. Werden sie mit einem Baby konfrontiert, das nicht das ihre ist, so übermannt sie folgender Gedanke: Auf keinen Fall soll diese Mutter denken, dass sie kein Vertrauen in meine sportlichen Fähigkeiten haben kann.

Umgekehrt sind sie übertrieben selbstbewusst, wenn es um ihre eigenen Neugeborenen geht. Diese halten sie völlig entspannt über einen heißen Herd, während sie mit der anderen Hand die Nudeln abgießen. Ihre Partnerin weiß schließlich, dass sie im Sport eine Niete sind.

»**Es gibt nur zwei Hebel,
um einen Mann zu bewegen:
Furcht und Interesse.**«

Napoleon Bonaparte

Wie man ein Neugeborenes hält

Schritt 1: Denken Sie daran, dass Sie das Baby niemals fallen lassen dürfen. Auch wenn es robuster ist, als es aussieht.

Schritt 2: Heben Sie es hoch, indem Sie eine Hand unter den Po und eine unter den Kopf schieben, und legen Sie seinen Rücken auf Ihren Unterarm. Wahlweise können Sie Ihre Hand unter seine Schultern legen und seinen Kopf mit Ihren Fingern halten.

Schritt 3: Sobald Sie das Neugeborene hochgehoben haben, wiegen Sie es in Ihrer Armbeuge oder halten Sie es aufrecht an Ihre Brust. Vergessen Sie nicht, während alldem seinen Kopf zu halten – ein Nichtbefolgen dessen führt zu beunruhigendem Wackeln.

Schritt 4: Vermeiden Sie plötzliche Bewegungen, sobald Sie das Neugeborene im Arm halten – es ist die Ruhe des Mutterleibs gewohnt. Bemühen Sie sich, dies mit Ihren Armen nachzustellen.

Schritt 5: Wenn sich das Neugeborene an Ihren Brustwarzenbereich schmiegt und seinen Mund öffnet, ist es hungrig. Geben Sie es sofort zurück; hiermit können Sie nicht dienen.

Anmachsprüche

Männer greifen auf Anmachsprüche zurück, in der Hoffnung, dass eine eingeübte geistreiche Bemerkung ihnen das ganze lästige Gesprächsgedöns ersparen wird, das mit dem Erlangen der Telefonnummer eines Mädels einhergeht. Dies gilt insbesondere, wenn die Kneipe in den nächsten fünf Minuten dichtmacht. Dabei haben Sprüche wie »In der Schule hat man mir gesagt, ich soll stets meinen Träumen folgen, also werde ich dir nach Hause folgen« und »Wenn ich dir sage, dass du einen wunderschönen Körper hast, würdest du das gegen mich verwenden?« nicht unbedingt den Erfolg, den Mann sich davon erhofft.

Armdrücken

Wenn Männer gemeinsam ausgehen, haben sie zwei Unterhaltungsrahmen: frühabendlicher Smalltalk, der üblicherweise das Thema Sport beinhaltet, und spätabendliches zusammenhangloses Brüllen, das üblicherweise das Thema Sport beinhaltet. Um zu verhindern, dass sich die dazwischenliegende Lücke zu beunruhigender Stille ausweitet, die nur durch das gelegentliche Malmen von Erdnüssen unterbrochen wird – oder aber, um einen Streit zum Thema Sport zu schlichten –, greifen Männer gerne auf das Armdrücken zurück.

Diese Beschäftigung ermöglicht einem Mann, seine wüste Kraft zu demonstrieren, ohne dabei das Getränk aus der Hand geben zu müssen. Es ist außerdem die einzige sozial verträgliche Möglichkeit, mit einem anderen Mann, in den man nicht verknallt ist, Händchen zu halten. Und alle Männer wollen schließlich Händchen halten.

Auf alles eine Antwort wissen

Grenzenlos ist die Cleverness, die manch ein Mann für sich beansprucht. Für einen solchen Mann ist es physisch unmöglich, mit seiner Meinung hinterm Berg zu halten, ob es dabei um die Lage am Gaza-Streifen oder um die beste Vorgehensweise beim Zähmen von Giraffen oder um die Wahl des Ciders zu einer Crème brûlée à la lavande geht und wie wenig Ahnung er davon auch haben mag.

Manche von ihnen, insbesondere Taxifahrer, lassen sich durch die Ermangelung einer Frage nicht davon abhalten, ausführliche und wahnsinnig fehlinformierte Antworten zu liefern. Meist im Gespräch mit einer Frau, die selbstredend noch weniger Ahnung hat, fangen jene dann mit der selbstbewussten Erklärung eines Themas an, von dem sie keine Ahnung haben.

>>**Mit nichts sind Männer so freigiebig wie mit ihren Ratschlägen.**<<

François de La Rochefoucauld

(Sich) Ausbreiten

Genau wie Gas wird auch ein Mann sich ausbreiten und den zur Verfügung stehenden Raum einnehmen. Im öffentlichen Verkehr und in Kinos wird er Armlehnen und Fußräume an sich reißen, sobald man ihm Gelegenheit dazu gibt. Teilen Sie Ihr Bett mit einem Mann und haben Sie bis zum Morgen mehr als fünf Zentimeter Matratze zur freien Verfügung, so ist er entweder ein ungewöhnlich ruhiger Schläfer oder in der Nacht verstorben.

Ausschmücken sportlicher Errungenschaften

Mindestens achtzig Prozent der männlichen Bevölkerung hatten entweder ein Vorspiel bei einem Profi-Fußballclub oder wurden in eine Handball-Auswahlmannschaft berufen. Die übrigen zwanzig Prozent hatten die Hauptrolle im Schultheaterstück und waren auf der Uni nach einer besonders bewegenden Inszenierung von *Evita* »so nah dran« an einem Vertrag bei einem Berliner Top-Agenten.

Es handelt sich dabei keineswegs um unverfrorene Lügen, sondern eher um die unschuldigen schiefen Erinnerungen von Männern, die in Wahrheit im Alter von zehn einen Brief an Bayern München geschrieben und nie eine Antwort bekommen haben. Männern gefällt die Vorstellung, dass sie ihres

Schicksals Schmied sind und es in ihrer Lieblings-
sportart nur deshalb nicht zu etwas gebracht haben,
weil sie mit dem Rauchen und In-die-Kneipe-Gehen
angefangen haben.

Sobald sie Vater geworden sind, kann man sie regelmäßig auf Sportplätzen ihre Söhne anschreien
sehen, weil die verdammt noch mal Nationalspie-
ler werden könnten, wenn sie sich nur ein bisschen
mehr anstrengen würden.

Auto packen

Gegenstände im Kofferraum eines Autos anzuord-
nen, bietet einem Mann nicht nur die fantastische
Gelegenheit, sein räumliches Vorstellungsvermögen
zu demonstrieren. Es ist zudem eine wunderbare
Methode, den eher stressigen Urlaubsvorbereitun-
gen aus dem Weg zu gehen, wie etwa die Kinder fertig zu machen, den Kühlschrank von verfaulten Ge-
müserückständen zu befreien und die Reisepässe zu
suchen.

Wie man ein Auto richtig packt

Schritt 1: Suchen Sie im Handbuch nach dem zulässigen Gesamtgewicht Ihres Wagens. Überschreiten Sie es möglichst nicht.

Schritt 2: Befreien Sie Kofferraum und Fußraum von unnötigem Ballast – der Ersatzreifen ist kein unnötiger Ballast.

Schritt 3: Packen Sie zuerst die größten und schwersten Gegenstände ein und drücken Sie diese fest gegen die Rücksitze.

Schritt 4: Klemmen Sie kleinere Gegenstände zwischen die größeren, aber Ersatzreifen und Reifenflickzeug sollten noch einigermaßen gut zu erreichen sein.

Schritt 5: Checken Sie, ob der Fahrer noch aus der Rückscheibe schauen kann. Der Kofferraum sollte im Idealfall nicht höher als die Rücksitze bepackt sein, die Sichtlinien sollten frei sein, und es sollten bei einem abrupten Halt keine Gegenstände durchs Auto fliegen können.

Schritt 6: Falls nötig, entfernen Sie Gepäck aus dem Kofferraum und verstauen Sie es im Fußraum. Verwenden Sie allerdings hierfür nie die vorderen Fußräume, besonders nicht den des Fahrers.

Schritt 7: Lassen Sie genügend Platz, damit die Passagiere auf den Rücksitzen sicher und bequem sitzen. Verstauen Sie keine schweren Gegenstände um Kinder herum – im Fall eines Unfalls wird entweder das eine oder das andere höchstwahrscheinlich zu Schaden kommen.

Schritt 8: Entfernen Sie lose Gegenstände aus der Hutablage, die zu gefährlichen Geschossen werden könnten.

Schritt 9: Informieren Sie sich im Handbuch über den richtigen Reifendruck für ein vollgeladenes Auto. Pumpen Sie die Reifen dementsprechend auf oder ab.

Schritt 10: Finden Sie heraus, wie teuer ein Dachgepäckträger und eine Kofferraumschale sind.

B

WIE …

Bartwuchs

Die Gesichtsbehaarung ist ein Bereich des modernen männlichen Lebens, in den bisher noch keine Regierung eingegriffen hat. Dabei hätte sie eine staatliche Regulierung bitter nötig. Männern kann man schlicht nicht zutrauen, sie unbeaufsichtigt wachsen zu lassen. Folgende Bärte bereiten besondere Sorge:

1) Der Teenie-Bart: flaumig, ungleichmäßig und nur deshalb existent, weil der Türsteher zum Glauben verleitet werden soll, der Träger sei nicht minderjährig. Näher kann man dem Züchten von Baumwolle mitten im Gesicht nicht kommen.

2) Der unvollständige Bart: Ein Bart ohne Schnauzer oder ein Bart, der am Kinn nicht zusammenläuft, ist wie ein Lied ohne Refrain, wie ein Puzzle ohne Ecken.

3) Der übermäßig getrimmte Bart: Er soll zeigen, was für ein punktgenauer Arbeiter der Besitzer ist, sieht jedoch leider so aus, als hätte man ihn mit Filzstift und Geodreieck aufgemalt.

4) Der Henriquatre: Verleiht er Würde, oder erinnert er den Betrachter an ein Kleinkind, das sich gerade mit Schokoeis vollgestopft hat?

5) Der zerzauste Vollbart: Viele tragen ihn aufgrund seiner gegenkulturellen Wurzeln. Mittlerweile ist er derart beliebt bei Hipstern, dass man 28-Mal eher einen Medienjob ergattert, wenn wirre Bartfussel den Mund bedecken.

1)

2)

3)

4)

5)

6)

6) *Der Soul Patch:* Ein Büschel Haar, das sich in der Vertiefung unterhalb des Mundes auf einem ansonsten glatten Gesicht befindet. Lässt darauf schließen, dass der Träger einst einen furchtbaren Rasierunfall an seiner Unterlippe erlitt und sich ihr mit dem Rasierer nun nicht mehr nähern möchte.

»**Männer sind Opfer der Umstände, obgleich die Umstände die Opfer des Mannes zu sein scheinen.**«

Lord Byron

Base-Jumping

Eine der seltsamen Erscheinungsformen des männlichen Wettkampfgeists ist das unablässige Streben nach krasseren und besseren Wegen, das eigene Leben aufs Spiel zu setzen. So auch das Base-Jumping. Sein Alles-oder-nichts-Reiz wirkt besonders anziehend auf Männer, die einen Hang zum Spektakulären sowie eine gewisse Blasiertheit gegenüber dem Gesicht-am-Gehsteig-Abschaben besitzen – genau dies geschah nämlich, als Base-Jumping-Pionier Franz Reichelt 1912 vom Eiffelturm sprang.

Nach Meinung dieses Adrenalin-verrückten Haufens werden Hochhäuser nur aus dem einen Grund gebaut: weil sie eine geeignete Absprungstelle darbieten, wenn gerade keine Berge in der Nähe sind.

Es handelt sich dabei um eine der gefährlichsten menschenbekannten Freizeitaktivitäten, da die Base-Jumper sehr nah am Boden abheben und sich nicht mit einem elastischen Bungee-Seil sichern – das wäre schließlich eine komplett irrsinnige Arbeitsschutzmaßnahme. Verschätzen sie sich mit dem Zeitpunkt des Fallschirmöffnens, so bereuen Base-Jumper dies wenigstens nur einen kurzen Augenblick lang.

Andererseits erleben die Springer, insbesondere diejenigen im Flügelanzug, einen kleinen Augenblick lang, wie es ist, ein Vogel zu sein. Wenngleich ein Vogel, der sehr oft »Wahnsinn!« schreit.

(Siehe auch: Bungee-Jumping, S. 40)

Benzinschnäppchen jagen

Ein Mann mag direkt neben einer Tankstelle wohnen, er fährt trotzdem gerne zwanzig Minuten, um zwei Cent pro Liter zu sparen.

Auf langen Fahrten bedeutet die Jagd nach Benzinpreis-Schnäppchen einen Drahtseilakt, doch er ist überzeugt, dass es an den nächsten Zapfsäulen einen Sonderrabatt gibt, der alles bislang Erspähte übersteigt. Wenn er feststellt, dass sein Wagen kurz davor ist, mitten auf der Schnellstraße den Geist aufzugeben, wird er gezwungenermaßen an der nächsten Tankstelle anhalten. Jene wird unweigerlich die teuerste von allen sein.

Beziehungsfaulheit

In den frühen Tagen einer Beziehung wird ein Mann versuchen, seine Angebetete davon zu überzeugen, dass er der Typ Mann ist, der einmal täglich duscht, eine Lasagne ohne Rezept zubereiten kann und lange Liebesnächte mit Massagen und Obst mag. Es dauert jedoch nicht allzu lange, bis ihm die vielseitig talentierte, metrosexuelle Maske verrutscht und sein »Ich würde lieber daheim bleiben und Fußball schauen und was bestellen«-Gesicht zur Schau stellt.

Die Mühe, die er sich mit der Beziehung gibt, verhält sich umgekehrt proportional zur Menge an

Zeit, die er mit seiner Freundin verbringt. Achtung: Nennt ein Paar die gemeinsame Zeit nicht mehr länger »Verabredung«, weil es mehr Zeit zusammen verbringt als getrennt, so lässt das Imponiergehabe des Mannes wahrscheinlich gerade nach. Sobald das Zusammenleben begonnen hat, stehen die Chancen auf eine von ihm organisierte Radtour am Fluss mit Picknickpause von Tag zu Tag schlechter.

Man sollte dies nicht als mangelnde Zuneigung interpretieren – genau genommen ist es ein Zeichen dafür, dass er zufrieden ist. Männer fühlen sich am behaglichsten dort, wo sie es sich ganz wörtlich am behaglichsten machen können: auf dem Sofa, während sie mit jemandem fernsehen, mit dem sie sich nicht höflich unterhalten müssen und von dem sie gelegentlich einen Blowjob bekommen. Warum einen Tisch beim Italiener reservieren, wenn man daheim alles hat, was man zum Glücklichsein braucht?

> »Männer scheitern nicht;
> sie bemühen sich einfach
> nur nicht mehr.«
>
> Elihu Root

Bindungsangst

Männer halten sich gern für spontane Wesen, auch wenn sich ihr Sozialleben im Allgemeinen um dieselben vier Freunde, dieselben zwei Kneipen und eine monatliche Pokernacht dreht. Stehen das Zusammenziehen mit der Partnerin, das Eingehen einer lebenslangen Verbindung oder, im schlimmsten Fall, ein Baby an, so haben sie Sorge, dass sie sich vom unbekümmerten Abenteurer in einen ans Haus gefesselten Schoßhund verwandeln. Fairerweise muss man sagen, dass ein Baby genau das mit einem macht.

Selbstverständlich wird ihr Leben im Grunde weitaus interessanter, sobald sie eine Beziehung eingehen. Ihre Partnerin nimmt sie mit in Kneipen, in denen sie noch nie gewesen sind, stellt sie aufregenden neuen Leuten vor und bucht Reisen an exotische Orte, von denen sie noch nie gehört haben – wodurch sich die Zeit für ein Bier um die Ecke reduziert. Genau das hatten sie befürchtet.

Biwak bauen

Insgesamt vertrauen die meisten Männer darauf, dass sie schon sehr gut zurechtkämen, sollten sie jemals weit hinter der Feindesgrenze festsitzen und ein improvisiertes Schutzlager benötigen. Dieses Vertrauen gründet sich auf den falschen Glauben an einen innewohnenden Überlebensinstinkt sowie die Tatsache, dass sie hin und wieder Survival-Dokus auf DMAX schauen.

Jeder, der selbst schon auf einer Vater-Sohn-Expedition gewesen oder aus sicherer Entfernung Zeuge einer solchen geworden ist, wird Folgendes beobachtet haben: Sämtliche Aktivitäten rund ums Obdach-Bauen reißen sich die männlichen Erwachsenen sofort unter den Nagel, während der Nachwuchs entweder herumrennt und nach Brennholz sucht oder traurig herumsitzt und Stöcke anspitzt, während er darüber nachdenkt, was wohl die Xbox in seiner Abwesenheit treibt.

Überlegen Sie es sich gut, ob Sie Ihr Kind dazu zwingen, die Nacht in einem selbstgebauten Biwak zu verbringen – es wird höchstwahrscheinlich zum ersten Mal realisieren, dass sein Vater nicht alles beherrscht. Und dann gibt es kein Zurück mehr.

Wie man ein Biwak baut

Schritt 1: Beginnen Sie weit vor der Abenddämmerung mit dem Bau Ihres Unterschlupfs. Suchen Sie zwei kräftige, gleich große Stöcke von idealerweise anderthalb Metern Länge, die sich beide an einem Ende gabeln.

Schritt 2: Wenn Sie ein Messer bei sich haben, spitzen Sie das nicht gegabelte Ende der Stöcke zu. Schlagen Sie die beiden spitzen Enden gut einen Meter voneinander entfernt in die Erde.

Schritt 3: Nehmen Sie einen dritten geraden Stock und legen Sie ihn in die Gabeln der tragenden Stöcke. Der Rahmen steht.

Schritt 4: Machen Sie sich nun an die rückwärtige Wand. Diese sollte sich von der Hauptwindrichtung wegneigen und die offene Seite des Biwaks zum Lagerfeuer zeigen lassen. Sammeln Sie noch mehr Stöcke, und lehnen Sie diese gegen die horizontale Stütze, bis ein Schutzgitter entstanden ist.

Schritt 5: Weben Sie kleinere Stöcke, große Blätter, Farn, Schilf etc. in das Schutzgitter ein, damit Ihr Unterschlupf wasserfest wird. In tropischen Gefilden eignen sich Bananenstauden und Kokospalmenblätter dafür besonders gut.

Schritt 6: Legen Sie größere Äste auf Ihr wasserfestes Schutzgitter, damit Ihr Biwak nicht bei der kleinsten Brise davonweht.

Schritt 7: Stellt sich Ihr Unterschlupf als weniger wasserfest heraus als erhofft, dann denken Sie nächstes Jahr daran, eine Pension zu buchen.

Bungee-Jumping

Typen, die Bungee-Jumping praktizieren, reagieren allergisch auf einfache Vergnügungen wie beispielsweise eine Tasse Kaffee trinken oder Kreuzworträtsel lösen. Sie sind ein absoluter Albtraum in gemeinsamen Urlauben.
(Siehe auch: Base-Jumping, S. 33)

»**Die größte Täuschung der Männer liegt in ihrer eigenen Meinung.**«

Leonardo da Vinci

C

WIE ...

Clowneske Ausgeh-Hemden

Manche Männer ziehen in Hemden um die Häuser, die aussehen, als hätte sie eine Meute schießwütiger Paintball-Spieler gejagt und sich über sie hergemacht. Solche Männer hängen auf der Arbeit Schilder auf mit Sprüchen wie: »Du musst nicht verrückt sein, um hier zu arbeiten … aber es hilft.« Und erzählen wildfremden Menschen, die nicht mit einem Dauergrinsen im Gesicht herumlaufen: »Na, wer wird denn gleich weinen!«

D

WIE ...

Dekonstruieren von Fernsehsendungen

»Absolut faszinierend, wie *Breaking Bad* den Erzähl-
bogen um einen Antihelden in die zeitgenössische
Debatte um Gesundheitsleistungen und Drogenpo-
litik spannt und mit tragischen Shakespeare'schen
Zwischentönen versetzt.« Weil Männer einfach
nicht anders können, als Ihre Lieblingssendungen
zu veräppeln.

Deplatzierter Ernst

Es gibt viele ernste Männer auf der Welt und viele Gründe, ernst zu sein. Bedauerlicherweise meinen es die meisten ernsten Männer bei den falschen Dingen ernst, wie etwa bei Sport und Jazzmusik.

Der Gerechtigkeit halber muss man sagen, dass Fußball sehr wohl über Leben und Tod entscheiden kann, wenn man sich zum Beispiel mit einer Gruppe wütender Fans wiederfindet. Die sollten das Ganze wirklich mal nicht ganz so ernst sehen.

Schlimmer, als von einer Gruppe Männer ins Koma getreten zu werden, die sich mehr über die schlechte Leistung ihres Vereins aufregt als über den Welthunger, ist vielleicht nur das eine: auf einer Party von einem Jazzliebhaber in die Enge getrieben und dafür gescholten zu werden, dass man a) ein Michael-Bublé-Album besitzt und b) noch nie von Thelonious Monk gehört hat.

»**Wenn ein Mann etwas gänzlich Dummes tut, so ist es stets aus den edelsten Motiven.**«

Oscar Wilde

Dicke Umarmungen

Sofern sich zwei Männer nicht gerade in einem geschäftlichen Kontext treffen – und selbst dann sind die Grenzen schwammig –, ist ein Handschlag eher selten. Heutzutage erwartet man von Männern, dass sie ihre Arme um Freunde, Freunde von Freunden und ferne Bekannte schlingen, als wären sie enge Verwandte.

Die dicke Bärenumarmung dient dazu, Kameradschaftsgeist und Zuneigung zu vermitteln, und spart dabei den ganzen emotionalen Ballast aus, der mit der zärtlichen, innigen Umarmung einhergeht. Letztere führt oft zu Tränen und der Diskussion über Gefühle. Früher erfüllte ein Lüpfen des Huts, gepaart mit einem »Guten Tag, der Herr«, den gleichen Zweck.

Viele Männer fürchten sich zu Recht vor der dicken Umarmung, da sie das Talent besitzt, ein intensives Gefühl von Peinlichkeit hervorzurufen. Jenes kann auftauchen, wenn eine Gruppe Männer zwei Mitglieder aufweist, die sich nie zuvor gesehen haben. Da sich alle anderen mit einer festen Umarmung begrüßt haben, bleiben dem fremden Paar genau zwei Optionen:

1. Sich mit traditionellem Handschlag begrüßen und dabei riskieren, kalt auszusehen und nicht im Einklang zu sein mit der Wärme, die der Rest der Gruppe ausstrahlt.

2. Sich kurzerhand den Mann packen, dem sie gerade erst vorgestellt worden sind, und ihn feste drücken. Wenn einer der beiden deutlich kleiner als der andere ist, wird er gezwungen sein, seinen Kopf auf die Brust des anderen Mannes zu legen wie ein Trost suchendes Kind.

So oder so ist es hochwichtig, dass beide Parteien sich für dieselbe Option entscheiden. Kaum etwas ist trauriger als ein nach vorne gebeugter Kerl mit ausgestreckten Armen, dessen Zielobjekt entsetzt zurückweicht.

Das richtige Deuten der Warnzeichen ist unerlässlich, bevor man sich in die dicke Umarmung hineinbegibt: Eng an die Körperseite gepresste Arme sowie ein mit Grauen erfüllter Blick sind verräterisch. Korrigieren Sie Ihren Satz nach vorne rasch, aber ebenmäßig, und bieten Sie stattdessen Ihre Hand an.

Ein guter Kompromiss wäre, den Handschlag mit einem leichten Klaps auf den Rücken zu begleiten. Ein Klaps sagt mehr als tausend Worte. Er sagt: »Hey, du siehst voll sympathisch aus, dich würd' ich gerne näher kennenlernen.«

Dilettantische Gedichte schreiben

Junge Männer wenden sich oftmals der Lyrik zu, wenn sie ihre Liebe zu einem Mädchen in der Abschlussklasse in Worte fassen oder einer ungerechten Welt zürnen wollen. Diese edle Kunstform ist ein weit besserer Zeitvertreib als der Austausch halb nackter Selfies auf Snapchat.

Das Verfassen von Gedichten ist allerdings kein leichtes Unterfangen, obwohl die Sätze mancher Gedichte von Weltrang so natürlich zusammenpassen, dass einem eine andere Anordnung geradezu absurd erscheinen würde. Wobei die meisten jungen Männer nicht die Geduld besitzen, Verse zu schmieden, die nicht nach einem verstörten Zehnjährigen klingen. Egal wie ausgeglichen und angepasst sie ansonsten auch sein mögen.

Direkter Hautkontakt nach der Geburt, oder auch: Bonding

Heutzutage hat ein Baby kaum seinen ersten Atemzug gemacht, schon wird es von der wohligen Brust der Mutter weggezerrt und mit dem wabbeligen Oberkörper seines halb nackten Vaters konfrontiert. Als ob Hebammen nicht genug zu tun hätten, müssen sie ihren Pflichten in dem Wissen nachkommen, dass sie jederzeit von einer Männerbrust angelächelt werden könnten.

Diskretere Väter werden ihr Neugeborenes unter ihrem T-Shirt ablegen, wo es die ersten Minuten seines Lebens damit verbringt, von drahtigem Brusthaar ins Gesicht gepikst zu werden. Fotos von diesem Augenblick werden sofort geteilt, damit jeder sieht, welch durch und durch moderner Vater er doch ist, der während der schmuddeligeren Geburtsabschnitte unter keinen Umständen viel lieber in der Kneipe gewesen wäre.

Diskussionen über Wege und Routen

Fragt ein Mann einen kürzlich eingetroffenen männlichen Gast, ob er eine gute Fahrt hatte, so ist er nicht an dessen Wohlergehen interessiert. Er hofft, es entzündet sich dadurch ein Gespräch, in dem er dem müden Reisenden von einer wenig bekannten Nebenstraße erzählen kann, die ihm eine halbe Stunde gespart hätte.

Glücklicherweise lässt sich der kürzlich eingetroffene Gast nach den fünf Stunden auf der A1 gerne auf eine Wegdiskussion ein, weil er zu erledigt für irgendeine komplizierte Unterhaltung ist. Wobei er natürlich am allerliebsten dort wäre, wo er gerade herkommt: zu Hause.

Anwesende Kinder werden ehrfürchtig ihrem Vater lauschen und gebannt sein von dieser fremden Sprache, die einen unverständlichen Mischmasch aus A3ern, B51ern und von B72er abführenden L224ern beinhaltet. Sie haben keine Ahnung, dass sie eines Tages, wenn sie selbst erwachsen sind, auch einmal die Wegsprache beherrschen werden.

»**Je weniger ein Mann denkt,
desto mehr spricht er.**«

Charles de Montesquieu

E
WIE...

Eifrige, wenngleich kurzzeitige Beschäftigung mit neuen Hobbys

Bis ein Mann die dreißig erreicht hat, wird er eine Reihe Hobbys und körperliche Ertüchtigungen angefangen und wieder aufgegeben haben. Dies wird sich in seiner Garage – in einer Schublade, falls er in München lebt – offenbaren, die vollgestopft ist mit Rudermaschinen, Surfbrettern, halb fertigen Go-Karts, Yogamatten, Angelruten sowie einer Reihe von Musikinstrumenten. Sein Smartphone wird ebenso proppenvoll sein mit Apps, die er zur Beobachtung seiner Fortschritte heruntergeladen und vergessen hat, wieder zu löschen, als es vorbei war mit den Fortschritten.

Jedes Hobby beginnt er in der festen Absicht, sämtliche Widerstände zu meistern, sowie in der selbstbewussten Ahnung, dass er sich diesmal als Naturtalent herausstellen wird. Es dauert nicht lange, bis ihm klar wird, dass er kein Naturtalent ist und das Meistern von egal was stundenlanges Üben voraussetzt. Und das wiederum kriegt er einfach nicht zwischen die Arbeit, die Kneipe und die ganzen TV-Serien gepackt.

Eingeschnappt sein wegen der Fußballergebnisse

Der fußballbegeisterte Mann investiert jede Menge emotionales und auch tatsächliches Kapital in seine Lieblingsmannschaft. Wenn diese Mannschaft verliert, macht ihn das sehr unglücklich. Oftmals so sehr sogar, dass er mit Ehefrau und Kindern kein Wort mehr wechseln möchte, wie vehement sie auch beteuern, dass der Strafstoß in der letzten Minute nicht unbedingt ihre Schuld war.

Bedauerlicherweise liegt es in der Natur dieser Sportart, dass die meisten Mannschaften die meiste Zeit über verlieren. Ein glühender Anhänger sieht sich gezwungen, seiner Mannschaft trotzdem zuzuschauen, auch wenn sie noch so mies spielt. Jede niederschmetternde Niederlage ist deshalb gefolgt von der niederschmetternden Einsicht, dass er nächstes Wochenende alles noch mal durchmachen muss, womöglich nach einer sechsstündigen Fahrt nach Karlsruhe.

Keine andere Form der Unterhaltung beinhaltet ein solches Maß an Selbstgeißelung. Stellen Sie sich vor, Sie würden jeden Samstag ein Multiplex-Kino mit 23 Sälen besuchen und müssten sich dann jedes Mal in einen Steven-Seagal-Film setzen.

Kann ein Fan das Spiel nicht besuchen, so wird er den halben Sonntag lang Fußballdiskussionsrunden schauen, in denen sogenannte Experten sitzen und das Spiel kommentieren. Und zwar ungenügend.

Manchmal verfolgt er parallel dazu noch Diskussionsrunden im Netz oder liest den Live-Ticker vom Spieltag nach.

Eine solche Hingabe hat auch ihre Vorteile. Der Fußballfan hat sich profundes Wissen angeeignet, auf das er jederzeit zurückgreifen kann – am häufigsten und nützlichsten vielleicht dann, wenn er sich mit anderen Männern auf gesellschaftlichen Anlässen unterhält, zu denen er lieber nicht eingeladen worden wäre.

Partnerinnen, denen das Interesse an dieser Sportart abgeht, sind höchst erstaunt über das Erinnerungsvermögen ihrer besseren Hälfte, die mühelos die längste Serie ohne Niederlagen in der Geschichte von Arminia Bielefeld beziffern kann. Besonders, da er den Hochzeitstag vergangenen Monat vergessen hat und gestern erst Klopapier einkaufen sollte und stattdessen mit einem Sixpack, einer Familienpackung Toffifee und einer Rolle Klarsichtfolie wiederkam.

Elektrowerkzeuge kaufen

Papa mag zwar eigentlich nur ein Gehege für den Hamster seiner Tochter bauen wollen, aber warum eine Handsäge für das Zuschneiden der nötigen Holzteile verwenden, wenn man Motorkettensägen kaufen kann, die sich sogar durch Beton zu schneiden vermögen? Schließlich könnte er – wenn es auch nicht sonderlich wahrscheinlich ist – eines Tages gebeten werden, ein Parkhaus auseinanderzunehmen.

>»Viele Männer sind zum Werkzeug
> ihrer Werkzeuge geworden.«
>
> Henry David Thoreau

Entsaften

Ein Entsafter, der geduldig darauf wartet, aus dem Winterschlaf geholt zu werden, befindet sich in exakt 55,3 Prozent aller deutschen Haushalte. Er wurde gekauft, als der Eigentümer für einen Marathonlauf trainierte oder kurz nachdem man ihn wegen seiner Cholesterinwerte gewarnt hatte.

Selbst zubereitete Smoothies sind zunächst eine echte Offenbarung – teils, weil sie so lecker schmecken, aber hauptsächlich deshalb, weil sie einem ein übertrieben großes Wohlbefinden suggerieren: »Ich kann wirklich spüren, wie die 7980 Döner, die ich in meinem Leben gegessen habe, vom Saft dieser 15 Kiwis weggespült werden und was das für einen Effekt auf mich hat. Ich werde ewig leben!«

Nach und nach verliert das Schälen und Schneiden eines Dutzends Mangos jede Woche allerdings seinen Reiz, besonders wenn erst mal eine Wolke aus Fruchtfliegen jede freie Küchenoberfläche besiedelt hat.

Eines Tages, während er zersetztes Obst von der schwer erreichbaren Unterseite einer Entsafter-Klinge putzt, wird der vormals begeisterte Saftmacher unbewusst beschließen, den nächsten Smoothie beim Bio-Laden um die Ecke zu kaufen. Und so beginnt des Entsafters steiler Abstieg in die Vergessenheit.

Enttäuschende Reaktionen

Weihnachten und Geburtstage bereiten demjenigen Mann Qualen, der etwas gegen die übertriebene Zurschaustellung von Gefühlen hat. Könnte er doch nur seine Geschenke mitnehmen auf sein Zimmer und dort hinter verschlossener Tür öffnen, bevor er drei Wochen später eine Dankes-Mail schriebe.

Leider muss er aber dieser leidvollen Sitte vor den Augen seiner erwartungsvollen Verwandtschaft nachgehen, die unweigerlich etwas enttäuscht sein wird, wenn er »Super, danke« murmelt. Egal, ob er einen Tassenständer oder die Schlüssel zu einem Ferrari auspackt.

Extrem-Essen

Das menschliche Dasein bringt so viele Nachteile mit sich: Wir leben in der Gewissheit, dass wir eines Tages sterben werden, und bevor wir dies tun, müssen wir höchstwahrscheinlich PowerPoint-Präsentationen halten, in denen wir Worte und Phrasen wie »Key Learnings« und »aus der Sicht des Verbrauchers« verwenden. Das Schlimmste ist, dass wir uns nicht einfach jederzeit im Wäscheschrank zusammenrollen und ein Nickerchen machen können. Was uns dafür entschädigt, ist die Freude, die uns Essen Tag für Tag aufs Neue bereitet.

Im Gegensatz zu anderen Spezies essen wir auch aus reinem Vergnügen und nicht nur, um zu überleben. Und wenn die Menschheit etwas Gutes ausfindig gemacht hat, liegt es in der Natur des Mannes, dieses Gute total zu übertreiben und zu ruinieren – und sich dabei womöglich umzubringen.

Extremes Essen ist am weitesten verbreitet in Gesellschaften, in denen Männer meinen, sie beherrschen die Kunst des Überlebens und Gedeihens. Sinnlose nahrungsbasierte Prahlerei wie das Mampfen eines Kilos karibischer Skorpion-Chilis oder das Essen eines meterbreiten Burgers in weniger als einer Stunde fordern jedoch die Natur heraus. Und die Natur stellt sich dieser Herausforderung im Normalfall gern mittels eines Herzinfarkts.

Extrem kurze Telefongespräche

Geht ein Telefongespräch mit Ihrem Vater über »Hallo, na, wie geht's?« hinaus, bevor er »Ich hol' mal deine Mutter« murmelt, so sollten Sie dies als großen Erfolg werten. Männer, insbesondere ältere Männer, reden nicht gern am Telefon, es sei denn, es gibt einen ganz klaren, spezifischen Anlass – vielleicht den, das Geburtsdatum seiner Schwiegertochter zu überprüfen. Und ihren Namen.

Oberflächliche Kommunikation beschränkt sich nicht nur aufs Telefon. E-Mails konzentrieren sich ganz auf die jeweilige Angelegenheit und meiden jegliche Form von Zuneigung, in dem Bemühen, virtuelle Tinte und Papier einzusparen:

> Hast du irgendwelche Schnur, die ich mir leihen könnte?
> Papa
> PS: Tut mir leid für dich mit der Scheidung.

Einen ähnlich minimalistischen Ansatz hat er in puncto Geburtstagskarten. Er vertraut ganz dem Hersteller, um die richtigen Worte zu finden, je nachdem, von wem die Karte sein soll und für wen.

Exzessiver Gebrauch von Deodorants

Kein Mann möchte DIESER Mann sein: derjenige, der für den kaum wahrnehmbaren, aber dennoch definitiv vorhandenen Körpergeruch in vielen Büros und weiten Teilen des öffentlichen Verkehrs verantwortlich ist.

Häufig trifft man Männer dabei an, wie sie, in der Absicht, die olfaktorische Scham zu vermeiden, einen Großteil ihres Oberkörpers mit schweißtötenden Chemikalien bedecken. Der enthusias-

tische Deodorisierer sprüht für gewöhnlich eine Kurve von seinem Ellbogen bis unterhalb des Rippenbogens, wobei er ein paar Extra-Sekunden unterhalb seines Arms verharrt. Diese Praxis sollte stets in gut belüfteter Umgebung erfolgen, idealerweise auf offenem Feld, und sie ist der Grund dafür, dass einem leicht schwindelig wird, wenn man die Männerumkleide betritt.

Verwendet er einen Deoroller, wird er sich in kreisförmigen Bewegungen von der Mitte seiner Achsel bis zu deren Randgebieten vorarbeiten und bisweilen den Brustbereich entlangfahren, bevor er den Roller zurückzieht.

Doch egal wie viel Deodorant ein Mann aufträgt – der Schlüssel zu einem angenehmen Duft liegt in regelmäßig ausgeführten Säuberungsritualen. Eine Tatsache, die der Durchschnitts-Teenager erst noch begreifen muss.

F
WIE ...

Fachmännischen Rat anzweifeln

Die Meinung eines Fachmanns ist da, um angezweifelt zu werden. Im selben Moment, in dem die Heizungsfirma vorbeikommt und die Gastherme als nicht mehr sicher einstuft, wird er dieses Urteil anfechten, basierend auf der Tatsache, dass er noch nicht tot ist.

Der vielleicht am hartnäckigsten ignorierte Experte im – wahrscheinlich kurzen – Leben eines Mannes, ist sein Arzt. Er verbringt die gemeinsamen Stunden damit, ihn über die Vorzüge von Obst und Gemüse sowie die Gefahren des zügellosen Konsums von Alkohol und rotem Fleisch zu belehren. Insbesondere deshalb, weil sein einziger Sport im Gang zum Supermarkt besteht, wo er seinen Mettvorrat aufzufrischen gedenkt.

Es ist unwahrscheinlich, dass er den Rat des Arztes befolgt, bevor ihn ältere Damen auf der Treppe überholen und ihm Hilfe beim Überqueren der Straße anbieten. Als Antwort darauf wird er eine gelenkvernichtende Triathlon-Besessenheit entwickeln. Sein Arzt wird ihm davon abraten.

»**Die schlechtesten Männer haben oft den besten Rat.**«

Francis Bacon

Fantasy-Fußball

Das Zusammenstellen einer imaginären Mannschaft, das Tauschen von Spielern mit imaginärem Geld und das Besiegen ebenso imaginärer Gegner mag jenen, die keine Fußball-Managerspiele spielen, seltsam, wenn nicht sogar beunruhigend wahnhaft erscheinen.

Der engagierte Fußballfantast verbringt etwa 98 Prozent seines Freitags auf der Arbeit mit der Überlegung, welche Spieler er bis zum Fristablauf in sein Team holen und aufstellen soll. Dem Nicht-Fußballfantasten scheint dieses karrierehemmende Engagement einer ohnehin nutzlosen Beschäftigung zusätzlich eine sinnlose Prise Gefahr zu verleihen.

Und doch ist das Managen einer Fantasie-Fußballmannschaft nicht völlig wertlos. Folgendes kann durchaus nützlich fürs Leben sein:

1. Der Fußballfantast wird Experte darin werden, die Anwesenheit seines Chefs zu erspüren und Ärgernis erregende Fenster auf seinem Bildschirm zu verkleinern.

2. In seinem nächsten Vorstellungsgespräch – was recht bald anstehen könnte, wenn er Punkt 1 nicht beherrscht – kann er völlig zu Recht behaupten, dass er über einen 50-Millionen-Euro-Etat verfügt hat.

3. Wenn er sein seit acht Jahren bestehendes Fantasieteam trainiert, kann er das 4-2-3-1-System samt Hochgeschwindigkeits-Pressing umsetzen, das er in seiner Fantasiewelt mittlerweile perfektioniert hat.

Fehlerhaftes Pinkeln

Mit ein wenig Zeit und Geduld können Männer, genau wie Hunde, domestiziert werden. Sobald sie Bett und Tisch mit jemandem teilen, lernen die meisten von ihnen, wie man nicht auf den eigenen Toilettensitz pieselt.

Sobald ein Mann jedoch vom repressiven Badhygiene-System zu Hause befreit wurde, verliert er jeglichen Toilettenanstand. Dies offenbart sich auf unterschiedliche Weise:

1) Er lässt den Klodeckel während des Urinierens unten – ein rebellischer Akt gegen die feine Gesellschaft, der weit schlimmer ist, als den Klodeckel nach dem Besuch oben zu lassen. Das Treffen des Ziels wird dadurch schön schwierig. Was wiederum einen Urinteufelskreis auslöst, denn je mehr Pisse auf dem Klodeckel landet, desto weniger wahrscheinlich ist es, dass der nächste Mann ihn anhebt.

2) Er experimentiert mit der gefährlichen Keine-Hände-Methode und überlässt seiner nach vorn geschobenen Hüfte das Sagen.

3) Er verliert den Blick aufs Wesentliche und beginnt mit dem Lesen der Kunst an den Wänden. Im Familienzuhause wird diese aus den bescheidenen Leistungen der dort wohnenden Kinder bestehen sowie aus fröhlichen Gedichten zum Thema »Tampons bitte nicht in die Toilette werfen«. In der Kneipe aus kunstvoll nackten Frauen, uralten Konzertplakaten oder Warnungen vor Prostatakrebs. Irgendwann wird er nach unten schauen und feststellen, dass er dreißig Sekunden lang die Wand, sein Bein oder – noch schlimmer – das Bein des nebenstehenden Mannes angepinkelt hat.

4) Er macht ein paar Schritte rückwärts und probiert, ob er das Wasser aus einem Meter Entfernung in perfektem Bogen treffen kann. Befindet er sich im Freien, so wird er versuchen, so hoch wie möglich an eine Wand oder einen Baum zu pinkeln.

Alkohol verschärft die Situation unweigerlich, deshalb ist das Hinsetzen auf dem Männerklo in einer Bar in etwa so, als ob man jeden Typen in einem Laden darum bitten würde, einem auf den Hintern zu pieseln.

»Männer, die ständig den
Toilettendeckel oben lassen,
wünschen sich insgeheim,
dass eine Frau mitten in der Nacht
aufs Klo muss und hineinfällt.«

Rita Rudner

Feilschen

Es gibt solche, die feilschen, und solche, die das Aushandeln eines Rabatts von umgerechnet 20 Cent für einen Poncho als nervtötend, knauserig und demütigend begreifen. Erstere sind in den meisten Fällen Männer.

Der Feilscher im Mann kommt häufig während Rucksacktouren an die Oberfläche und setzt sich in den nachfolgenden Urlauben dort fest, bis er schließlich jedwede fremdsprachig durchgeführte Transaktion als Verhandlungssache betrachtet. Hat er das mittlere Alter erreicht, befindet er sich meist in Begleitung von andauernd beschämten Kindern.

Das Seltsame ist: Je teurer der Gegenstand und je luxuriöser die Umgebung, in der er verkauft wird, desto unwahrscheinlicher wird ein Mann um ihn feilschen. Das liegt daran, dass es beim Feilschen nicht ums Geldsparen geht. Es geht darum, aus einem Warenwechsel mit einem Gefühl des Triumphs hervorzugehen. Und in teuren Läden ist nun mal derjenige mit dem meisten Geld der Sieger.

Fernsehdokus über Haie

Wenn er zwischen allen Fischen dieser Erde wählen könnte, so wäre der Mann gern ein Hai – sie reden nicht viel, doch ihre Furcht einflößende Kraft und ihr athletisches Tötungsvermögen bringen ihnen großen Respekt ein bei ihren aquatischen Kollegen. Seltsamerweise erregt die Seekuh ein solches Interesse nicht, trotz ihres aufgeklärten und gewaltlosen Lebensstils.

Naturkundliche Sendungen wissen darum und widmen deshalb etwa die Hälfte ihrer Zeit einem rauen Seemann und wie er etwas großes Weißes liebkost, ansäuselt, anstochert und provoziert, bis es widerwillig an seinem Käfig zu kauen beginnt, während eine Stimme aus dem Off aufgeregt schreit: »Aus dem Nichts greift die sechs Meter lange Killermaschine plötzlich an, und alle könnten jede Sekunde einen schrecklichen Tod erleiden!«

Filmemacher, die viel mit Haien arbeiten, behaupten, dass die Spezies missverstanden und die Bedrohung für den Menschen überdramatisiert wird, und produzieren dennoch weiter Dokus, die sich »Die Hai-Apokalypse: Attacke des Riesenfischs!« nennen.

> **»Ich glaube fest daran,**
> **dass alle jungen Männer der Welt**
> **eine Faszination für entweder**
> **Haie oder Dinosaurier hegen.«**
>
> Peter Benchley

Feuer machen

Männer werden magisch angezogen vom Akt des Feuerentfachens. Feuer ist das ultimative, völlig natürliche Mehrzweckgerät: Es erzeugt Wärme, kocht Essen, dient als Lichtquelle und hält gefährliche Tiere auf sicheren Abstand. Zudem dient es als perfekte Entschuldigung, um ein Häuschen aus Stöcken zu bauen, bevor man Selbiges niederbrennt. Dies befriedigt den widersprüchlichen männlichen Drang nach Erschaffen und Zerstören.

Am wichtigsten aber ist die Tatsache, dass ein Feuer als gemeinsamer Fokus dient für eine Gruppe von Männern, die nichts miteinander gemeinsam haben als die Tatsache, dass sie alle zum selben Kind-und-Kegel-Camping-Wochenende gezwungen worden sind.

Nahezu alle Männer behaupten, sie seien des Flammenentzündens mächtig mit nichts als Feuerstein und Zunder oder zwei Stöcken, die sie aneinanderreiben. Dadurch sind sie denen, die jene Fähigkeiten nicht beherrschen, um ein paar Nasenlängen voraus, wenn die Welt in einen nuklearen Winter gestürzt wird und jemandem die letzte Streichholzpackung in eine radioaktive Pfütze fällt.

(Siehe auch: Biwak bauen, S. 37)

Wie man ein Feuer ohne Streichhölzer entfacht

Schritt 1: Sammeln Sie Zunderholz. Die Späne von Birken- oder Zedernrinde sind besonders leicht entflammbar. Oder wenn Sie eine Kokosnuss zur Hand haben: Die feinen Fasern ihrer Schale sind ideal.

Schritt 2: Vergewissern Sie sich, dass Ihr Zündholz nicht nass ist. Wenn möglich bringen Sie welches mit, das sie zu Hause getrocknet haben; nur diejenigen, die nicht selbst auf die Idee gekommen sind, betrachten dies als Schummeln.

Schritt 3: Entfernen Sie die Rinde eines trockenen Astes – Weide, Zeder und Wacholder eignen sich hierfür besonders gut –, und glätten Sie den Ast mit einem Messer oder einem Stein so, dass an einer Seite eine glatte Oberfläche entsteht. Schnitzen Sie eine etwa zwanzig Zentimeter lange Kerbe in die flache Oberfläche.

Schritt 4: Schieben Sie das angespitzte Ende eines dünnen Stocks vom selben Baum so lange in einem 45°-Winkel vor und zurück, bis etwas Glut entsteht. Diese Arbeit ist ermüdend – lassen Sie sie wenn möglich von einem Kind erledigen.

Schritt 5: Kippen Sie die Glut in Ihr Zündholzbündel und pusten Sie sanft hinein. Die Betonung liegt auf *sanft* – wenn Sie zu fest pusten, löschen Sie entweder Ihr Feuer, noch bevor Sie es entfacht haben, oder baden Ihr Gesicht in Funken.

Schritt 6: Sobald das Zündholz entflammt ist, legen Sie es in ein Mini-Tipi aus Stöcken und Kleinholz.

Schritt 7: Pusten Sie leicht weiter, bis Ihr Feuer richtig brennt.

Filme zitieren

Männer, die Filmzitate in ihre Unterhaltungen streuen, leben in dem falschen Glauben, dass die Wiederholung eines halbwegs relevanten Satzes aus *Das Leben des Brian* ihr Publikum amüsieren und vor Ehrfurcht erstarren lässt. Leider kommen auf jede wissend lächelnde Person 38 000 Menschen, die keine Ahnung haben, wovon Sie reden.

Solche Männer bevorzugen Zitate, die auf einen kultivierten Filmgeschmack hindeuten. Oder sie besonders tough klingen lassen. Hier einige der beliebtesten:

»Redest du mit mir? Du laberst mich an? Du laberst mich an? Kann das sein, dass du mich meinst, du redest mit mir? … Ich bin der Einzige, der hier ist.«
Robert De Niro in *Taxi Driver*

»Manchmal muss man sich fragen, ob man glücklich ist. Was ist mit dir, bist du glücklich, Dreckskerl?«
Clint Eastwood in *Dirty Harry*

»Entscheide dich, ob du leben oder sterben willst.«
Tim Robbins in *Die Verurteilten*

»Er ist nicht der Messias, er ist ein sehr ungezogener Junge!«
Terry Jones in *Das Leben des Brian*

»Ich bin wahnsinnig vor Wut, und ich werde das nicht länger hinnehmen!«
Peter Finch in *Network*

»Dieser Teppich hat wirklich den Raum zusammengehalten.«
John Goodman in *The Big Lebowski*

»Ich hätte was werden können, zumindest ein klasse Boxer.«
Marlon Brando in *Die Faust im Nacken*

»Die Macht ist stark in ihr.«
Darth Vader in *Star Wars: Episode IV – Eine neue Hoffnung*

»Weißt du, ich bin kein Monster, nur der Zeit voraus.«
Heath Ledger in *The Dark Night*

»Das Recht auf ein gescheitertes Leben ist unantastbar.«
Audrey Tautou in *Die fabelhafte Welt der Amélie*

»Wenn ich will, dass die Vögel tot von den Bäumen fallen, dann fallen die Vögel tot von den Bäumen!«
Klaus Kinski in *Aguirre – Der Zorn Gottes*

Finger in den Wind halten

Es ist eine Fähigkeit, die Söhne von ihren Vätern und Großvätern aufschnappen, während diese den Windschutz am Strand aufbauen oder überlegen, wo sie die Camping-Feuerstelle anlegen: die Bestimmung der Windrichtung durch den in den Wind gehaltenen, zuvor abgeschleckten Finger.

Es ist eine Technik, die aufgrund ihrer zahlreichen Schwachstellen beinahe obsolet ist – sie basiert auf dem Fühlen eines geringen Temperaturunterschieds auf der einen Seite des Fingers, ganz zu schweigen von der ärgerlichen Angewohnheit des Windes, seine Richtung zu ändern –, doch seit wann hält eine fehlerhafte Logik einen Mann von etwas ab?

Fingiertes Besteck-Schlucken

Bis zum Alter von vier Jahren sind Kinder absolut verzaubert von Männern, die scheinbar Besteck zu schlucken vermögen. Traurigerweise sind sie weniger beeindruckt, wenn ihr Vater an ihrem 15. Geburtstag die Party stürmt, seinen Kopf nach hinten wirft und einen Löffel seitlich des Gesichts entlanggleiten lässt.

G

WIE ...

Gedankliches Abschalten

Ein Mann hat Mühe, sich während Wortwechseln zu konzentrieren, wenn diese sich nicht um ihn und seine Lieblingshobbys drehen, insbesondere wenn keine Bilder involviert sind. Er kann genauestens darüber informiert werden, was am nächsten Tag passiert und was seine Aufgabe dabei sein wird, und dennoch wird er zwanzig Minuten später fragen, wo die Kinder morgen schlafen und wann er sie dort hinfahren soll. Wenn man ihm anbietet, alles aufzuschreiben, wird er trotz alledem auf seinen Kopf deuten und sagen: »Keine Sorge, hab ich alles da drin.«

Geheimbünde

Die meisten Geheimbünde schwinden dahin und sind dazu bestimmt, in den Köpfen von Verschwörungstheoretikern weiterzuleben (siehe auch: Verschwörungstheorien, S. 232); manche entwickeln sich indes zu Orten, an denen Männer sich versammeln und Zeremonien vollziehen, bevor sie Visitenkarten austauschen.

Männer finden nicht nur Gefallen an den naheliegenden Vorteilen, die ein metaphorische Türen öffnender Handschlag mit sich bringt. Sie wissen auch die geheimnisvolle Aura zu schätzen, die die Mitglieder umgibt. Wenn ihnen irgendjemand zuhört, lassen sie deshalb nur zu gerne Andeutungen fallen, dass sie Teil eines Geheimbunds sind.

Gitarre lernen

Als Schuljunge hat man den weit größeren sozialen Nutzen davon, sich mit drei Akkorden auf der E-Gitarre abzumühen, als die höchste Stufe des Oboe-Spiels erreicht und einen Vortrag in der Berliner Philharmonie im Kalender stehen zu haben.

Der Sexappeal eines Gitarristen – idealerweise in einer Band – ist weit größer als der eines versierten Spielers irgendeines anderen Instruments. Der Sexappeal steigt um ein Vielfaches, wenn Sie zusätzlich einen Verzerrer besitzen. Nur werden die meisten Rock-'n'-Roll-Träume in einem Tableau aus ungewaschenen Haaren und schlecht besuchten Turnhallenkonzerten begraben.

Für Männer mittleren Alters ist es nichts Ungewöhnliches, mit dem Gitarrespielen anzufangen, wenn ihnen klar wird, dass sie nach ihrer Ausbildung keine neue Fähigkeit mehr erlernt haben, die nichts mit einer Excel-Tabelle zu tun hat. Sie bedauern außerdem zutiefst, dass sie sich gegen die Oboe entschieden haben, als sie die Chance dazu hatten.

Wie Sie so tun, als könnten Sie Gitarre spielen

Schritt 1: Stimmen Sie Ihre Gitarre mithilfe eines Stimmgeräts, das erkennt, welche Saiten Sie verwenden. So müssen Sie keine Ahnung davon haben.

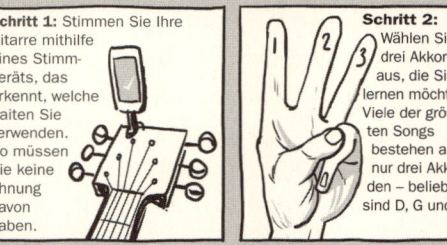

Schritt 2: Wählen Sie drei Akkorde aus, die Sie lernen möchten. Viele der größten Songs bestehen aus nur drei Akkorden – beliebt sind D, G und C.

Schritt 3: Lernen Sie diese mithilfe von Grifftabellen oder der Gitarrentabulatur, das ist eine Notenschrift, für die man keine Noten lesen können muss. Spart eine Menge Zeit.

Schritt 4: In einer Grifftabelle stehen die vertikalen Linien für die Saiten; die Linie ganz rechts außen ist die hohe E-Saite auf einer sechssaitigen Gitarre. Die horizontalen Linien unterteilen das Griffbrett, der erste Bundstab ist ganz oben.

1. BUND-STAB   E SAITE

Schritt 5: Ein dunkler Kreis gibt an, in welchem Bund die Saite heruntergedrückt werden sollte, die Nummer im Kreis, welchen Finger man hierfür verwenden sollte.

Schritt 6: Ein Kreuz oberhalb einer Saite bedeutet, dass man sie für den jeweiligen Akkord nicht spielen soll. Ein leerer Kreis, dass man sie spielt, jedoch nicht herunterdrückt.

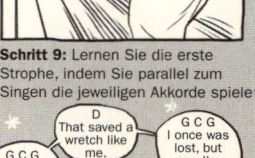

Schritt 7: Üben Sie, bis Sie sanfte Übergänge zwischen den Akkorden hinbekommen. So lange bis die Fingerspitzen eine Hornhaut entwickeln.

Schritt 8: Wählen Sie einen Song mit Ihren drei Akkorden.

Schritt 9: Lernen Sie die erste Strophe, indem Sie parallel zum Singen die jeweiligen Akkorde spielen.

Golfschwünge mit einem Fantasieschläger üben

Jeder Golf spielende Mann trägt stets eine Fantasietasche mit Schlägern mit sich herum. Sobald er ein wenig Zeit zur Verfügung hat oder unangenehmerweise allein auf einer Hochzeit herumstehen muss, wird er einen dieser Schläger herausnehmen, die Hand um dessen Griff legen und ihn vor und zurück schwingen.

Es handelt sich um eine Art Schmusedecke, die ihn an seinen Rückzugsort erinnert – das Fairway. Gleiches gilt für Fantasie-Tennisschläger. Von Zeit zu Zeit tänzelt er außerdem wild fuchtelnd um Straßenlaternen herum und trägt Fantasie-Boxhandschuhe. In allen Fällen stellt er sich weit geschickter bei Fantasiesportarten als bei echten Sportarten an.

(Siehe auch: Luftschlagzeug spielen, S. 143)

Golfurlaub

In ihren jungen Jahren gehen Männer mit dreierlei Absichten in den Urlaub: trinken, sich bräunen und einen Haufen Sex haben. Für gewöhnlich erreichen sie anderthalb dieser Ziele: Sie betrinken sich und holen sich einen Sonnenbrand.

Im höheren Alter und als Familienväter verbringen sie ihren Urlaub ebenfalls mit Trinken und Sichverbrennen. Sie verbringen ihre Zeit aber genauso mit dem Wunsch, ihre Kinder mögen sich endlich mit jemandem anfreunden und sich verpissen. Aus diesem Grund sind Eltern die einzigen Menschen der Welt, die nach dem Urlaub froh sind, wieder zurück an ihrem Büroschreibtisch zu sein.

Der Golfurlaub liegt irgendwo dazwischen. Wie beim Familienurlaub wird auch er von Männern angetreten, die über dreißig sind und Kinder haben; wobei sie diesen – genau wie die Urlaube ihrer sorglosen Jugend – tatsächlich genießen. Und wie bei den anderen Urlauben betrinken sie sich und holen sich einen Sonnenbrand.

Das Golfspielen stellt nicht das oberste Ziel eines Golfurlaubs dar. Das oberste Ziel ist eine Reise, die weder ihre Frauen oder Partnerinnen noch, und das ist das Wichtigste, ihre Kinder antreten möchten. Natürlich spielen manche Frauen und Partnerinnen gerne Golf. Aus diesem Grund gehen manche Männer auch noch auf Angeltrips.

Wie Sie die grundlegende Golf-Etikette meistern

Schritt 1: Denken Sie daran, dass Ihnen die meisten Golfclubs den Zutritt verwehren, wenn Sie Jeans oder Turnschuhe tragen. Die Sondergarderobe fürs Golfwochenende sollte sich zusammensetzen aus: Blazer, sportlich-elegante Hose, mit Monogramm versehenes Poloshirt oder Kurzarmhemd, sportliche Schirmmütze oder Sonnenschild, Sweatshirt mit V-Ausschnitt (Pastelltöne nicht zwingend). Grelle Farben sind ebenfalls unabdingbar – stellen Sie eine Mischung aus Christoph Maria Herbst und einem sportlich-eleganten Kinderunterhalter vor.

Schritt 2: Verhalten Sie sich ruhig, wenn einer aus Ihrer Gruppe oder irgendjemand an einem nahegelegenen Loch einen Schlag ausführt. Ballen Sie Ihre Hand nicht zur Faust und rufen Sie nicht »Yes!«, wenn sein Ball in einem Wasserhindernis landet.

Schritt 3: Setzen Sie die von Ihnen herausgeschlagenen Rasenstücke auf dem Fairway wieder ein, die auf dem Abschlag allerdings nicht.

Schritt 4: Hinterlassen Sie die Bunker nach Gebrauch so, wie Sie sie selbst gerne vorfinden würden. Richten Sie sie mit dem bereitgestellten Rechen wieder her. Stellen Sie den Rechen an den Seitenrand des Bunkers, wenn Sie damit fertig sind.

Schritt 5: Wenn Sie sehr viel Zeit mit dem Suchen von Bällen verbringen, fragen Sie die nachfolgenden Gruppen, ob sie gerne durchspielen möchten. Es ist wichtig, dass Sie rätselhafte Begriffe wie »durchspielen« verstehen. Dadurch wirkt es, als wüssten Sie, wovon Sie reden.

Schritt 6: Wenn Sie schließlich das Grün erreichen, legen Sie Ihre Golftasche nicht direkt darauf ab.

Schritt 7: Bessern Sie die Schäden, die Ihre Schuhe auf dem Grün angerichtet haben, erst dann aus, wenn alle das Loch zu Ende gespielt haben.

Schritt 8: Ziehen Sie stets Ihren Blazer an, wenn Sie das Clubhaus betreten. Dies verringert die Wahrscheinlichkeit, dass Sie den Mitgliedern unangenehm auffallen.

> »Golf spricht den Idioten
> und das Kind in uns an.
> Wie kindisch Golfspieler sein können,
> zeigt sich durch ihre
> weitverbreitete Unfähigkeit,
> bis fünf zu zählen.«
>
> John Updike

Grillen

Männer, die keinerlei Interesse am Kochen in den begrenzten Räumlichkeiten einer Küche zeigen, verlassen ihre Starre für gewöhnlich recht schnell, wenn ihnen das Rösten rohen Tierfleischs auf der Terrasse in Aussicht gestellt wird. Dieser Herausforderung kann ihr inneres Alphatier nicht widerstehen, und sie besitzt wenig Ähnlichkeit mit dem verweichlichten Akt der Zubereitung von Nahrung, die irgendjemand tatsächlich essen möchte.

Wie er da so inmitten des Rauchs steht, seine Lungen der Versorgung anderer opfert, stechenden Qualm wegblinzelt und mit überdimensionierten Kochutensilien herumwedelt, formt sich das Bild einer heroischen Figur – einer Figur, die nicht allzu weit entfernt ist vom rußverschmierten Feuerwehrmann, der mit einem schreienden Baby im Arm aus einem brennenden Gebäude auftaucht. Der einzige Unterschied besteht darin, dass er mit einem Teller verkohlten Fleischs im Arm auftaucht.

Dem Mann, der wenig Begeisterung für gesellschaftliches Beisammensein aufbringt, bietet das Bedienen des Grills die perfekte Möglichkeit, mit Anwesenheit zu glänzen, ohne sich mit irgendjemandem länger unterhalten zu müssen. Er ist viel zu beschäftigt; er muss die marinierten Hähnchenflügel wenden!

Wie man Fleisch mithilfe von Kohle grillt

Schritt 1: Schützen Sie Ihren Grill vor Wind, damit er sich leicht anzünden und kontrollieren lässt.

Schritt 2: Häufen Sie die Kohle in der Mitte auf und fügen Sie unten Grillanzünder hinzu. Öffnen Sie die Luftlöcher Ihres Grills und zünden Sie die Grillanzünder an.

Schritt 3: Lassen Sie die Kohle etwa dreißig Minuten brennen oder so lange, bis der Großteil der Kohle weiß geworden ist.

Schritt 4: Verteilen Sie die Kohle mit einem passenden Hilfsmittel – idealerweise nicht mit der großen Gabel, die Sie für das Wenden des Fleisches benutzen möchten.

Schritt 5: Schließen Sie die Luftlöcher und legen Sie Ihr Fleisch auf die Mitte des Grills. Nehmen Sie zuerst die Teile, die am ehesten eine Lebensmittelvergiftung verursachen könnten. Das ist meist das Huhn.

Schritt 6: Konzentrieren Sie sich auf die ordentliche Zubereitung von

zwei Sorten Fleisch. Nur weil Sie grillen, müssen Sie noch lange keinen ganzen Bauernhof auf den Rost werfen.

Schritt 7: Würste bitte niemals anpiksen, sondern einfach nur regelmäßig wenden.

Schritt 8: Ein Deckel sorgt dafür, dass das Essen schneller und gleichmäßiger gar wird. Besitzt Ihr Grill einen, dann verschieben Sie das Fleisch an den Rand des Rosts und schließen Sie ihn.

Schritt 9: Lassen Sie Würste etwa fünf Minuten unter dem Deckel, Huhn zehn Minuten und kleine ganze Hauptstücke zwanzig Minuten.

Haben Sie keinen Deckel, dann achten Sie darauf, dass das Fleisch überall gebräunt und durchgegart ist.

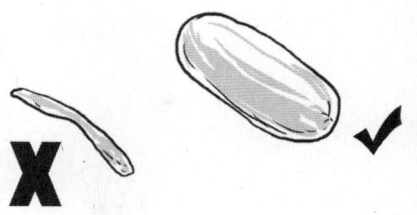

Schritt 10: Sind Ihre Gäste gegangen, säubern Sie den Grill. Besser, Sie erledigen das sofort, bevor der Dreck sich in schweinefettbasierten Beton verwandelt hat.

Grölen

Das Grölen ist die sozial akzeptierte Variante des Singens. Ein Mann kann unmöglich in aller Öffentlichkeit den Song seiner Lieblingssendung schmettern, ohne dass sich seine Freunde darüber lustig machen; er kann jedoch das unmelodische Gegröle über eine Fußballmannschaft anstimmen und ziemlich sicher sein, dass andere mit einstimmen. Diese Art männlichen Gruppengesangs ist eine zusammenschweißende und kathartische Erfahrung. Ebenso ist sie häufig ein Vorbote von Gewalt.

H

WIE ...

Haargel

Gel ist der Sekundenkleber der Frisurenwelt – ein Produkt, so mächtig, dass es Tausende von Haarsträhnen in ein festes, unbewegliches und glänzendes Objekt verwandeln kann. Im Gegensatz zu seinen dezenteren Geschwistern – Wachs, Mousse und Spray – wird das Haargel von Männern verwendet, die mit ihrer Haartracht ein Zeichen setzen möchten. Man kennt dies unter dem Namen Cristiano-Ronaldo-Syndrom.

Der junge Geler möchte Freunden und Familie mitteilen, dass er Haarpflegeprodukte für sich entdeckt und keine Scheu hat, diese anzuwenden – besonders am Schuldisco-Abend. Dies ist ein Initiationsritus, den beinahe alle Männer durchlaufen. Der ältere Haargeler macht darauf aufmerksam, dass er ehrgeizig ist und sein Leben im Griff hat. Nichts wird ihm im Wege stehen, schon gar nicht seine zurückgeglättete Betonmatte, die auf absehbare Zeit genau nirgendwohin gehen wird. Möglicherweise arbeitet er als Immobilienmakler. In beiden Fällen muss er erst noch lernen, dass weniger mehr ist.

Heimbrauerei

Lange Zeit schien das Brauen eigenen Biers mittelalten Männern mit einer Schwäche für frühmorgendliche TV-Sendungen von Fernuniversitäten sowie mit Bärten, die ganze Ökosysteme beheimaten könnten, vorbehalten zu sein. Die Bärte gibt es noch immer, nur heute befinden sie sich auf den Gesichtern jüngerer, trendiger Männer und werden ohne ersichtlichen Grund in spitz zulaufende Form gebracht.

Obergäriges Bier (wie Weißbier, Kölsch und Alt) wurde von unabhängigen, sexy Brauereien umfirmiert zu »Craft Beer«. Diese machen es nicht des Geldes wegen, verlangen aber sechs Euro die Flasche und exportieren es in solche Neuköllner Kneipen, wo sich alle so ironisch kleiden, dass man kaum sagen kann, wer dort eigentlich noch ernsthaft Kleidung trägt.

Diese neuen Trinker haben sich verstärkt unter die Heimbrauer gemischt, weil sie ganz wild darauf sind, ihr eigenes Fass »Ocelot Beef Jacket« oder »Feixender Dachsarsch« in ihrer Garage zu erschaffen.

Wie man daheim Bier braut

Schritt 1: Kaufen Sie sich ein Starter-Set fürs Heimbrauen, es wird Sie mit Ausrüstung und Zutaten versorgen.

Schritt 2: Halten Sie Ihr Starter-Set sauber, damit etwaige Unreinheiten nicht den Geschmack Ihres ersten Gebräus verfälschen.

Schritt 3: Schütten Sie den Malzextrakt in den Gäreimer, fügen Sie Wasser hinzu und rühren Sie das Ganze um.

Schritt 4: Mischen Sie der Flüssigkeit die Bierhefe bei, bevor Sie alles abdecken und zwei Wochen lang an einen warmen Ort stellen.

Schritt 5: Während der Fermentation wird Ihr Sud Blasen werfen. Wirft er keine Blasen mehr, ist es Zeit für die nächste Stufe.

Schritt 6: Gehen Sie sicher, dass es wirklich Zeit für die nächste Stufe ist, indem Sie die Dichte des Suds mithilfe des mitgelieferten Hydrometers messen. Der ideale Wert hängt von der Sorte Bier ab, die Sie brauen möchten.

Schritt 7: Fügen Sie – bei Bedarf – dem Gemenge Malzextrakt-Sirup oder Zuckerlösung bei, damit es ordentlich karbonisiert, und füllen Sie es dann in ein Fass oder in Flaschen. Lassen Sie es drei Tage lang an einem warmen Ort stehen.

Schritt 8: Bewegen Sie es dann an einen kühleren Ort, damit es sich absetzen kann – was mitunter bis zu vier Wochen dauert. Sie werden versucht sein, Ihr Bier währenddessen zu probieren. Tun Sie's nicht. Es darf auf keinen Fall gestört werden.

Schritt 9: Nun können Sie das Bier trinken. Handelt es sich um Ihren ersten Versuch, dann lassen Sie sich nicht entmutigen, wenn es scheußlich schmeckt.

»**Kauf einem Mann ein Bier,
und er vertut eine Stunde.
Bring einem Mann das Bierbrauen bei,
und er vertut sein ganzes Leben.**«

Charles »Charlie« Papazian

Heimliche Zuneigung zu Seifenopern

Besonders Väter sind anfällig dafür, ins Wohnzimmer zu stiefeln, wütend auf den Fernseher zu starren und auszurufen: »Was ist das denn für'n Scheiß?« – bevor sie sich hinsetzen und das Vergnügen der anderen mit einem Schwall Fragen stören: »*Was* genau hat sie mit Klaus Beimer angestellt?«, »Jo Gerner schläft mit *wem*?«, »Was, da gibt's immer noch keine Ampel? Wie viele Unfälle müssen denn noch passieren!«

Männer glauben gern, sie stünden über der leichten Art der Unterhaltung, doch das hindert sie noch lange nicht daran, die versäumten Folgen von *Berlin – Tag und Nacht* nachzuholen, wenn niemand daheim ist.

Heizung entlüften

Seit den 1970ern, als die Zentralheizung Teil des modernen Lebens wurde, verbringen Männer 67 Prozent ihrer Zeit daheim mit der Frage, warum es so kalt ist, obwohl das Thermostat auf 28 Grad Celsius steht.

Diejenigen, die wissen, wie man eine Heizung entlüftet, verbringen die restlichen 33 Prozent mit dem sanften Drücken der Handflächen gegen die Heizkörper. Damit möchten sie herausfinden, welchem Teil genau es misslingt, für gleichmäßige Wärme zu sorgen. Ebenjene können triumphierend in den Raum hinein verkünden: »Diese Heizung hier gehört entlüftet.«

Das Heizungentlüften ist eine recht simple Angelegenheit: Man braucht lediglich einen Entlüftungsschlüssel und einen Schwiegersohn, den man stirnrunzelnd anblicken und mit einem »Gibt es irgendeinen Grund, warum du das nicht draufhast?«-Blick fixieren kann. Der große Vorzug dieses Könnens – obwohl es nicht anspruchsvoller ist als jede andere alltägliche Aufgabe – besteht darin, dass das Zischen der eingeschlossenen Luft und das Gurgeln des herannahenden Wassers Ihnen suggerieren, dass Sie mit Ihrem technischen Können gerade höchst tapfer das Klempner-Armageddon verhindern.

Wie man eine Heizung entlüftet

Schritt 1: Stellen Sie die Heizung ein und das Thermostat nach oben. Warten Sie.

Schritt 2: Sobald die Heizkörper warm sind, suchen Sie nach kalten Stellen mit der Hand, bei der Ihnen etwaige Verbrennungen am wenigsten ausmachen würden. Kalte Stellen findet man am häufigsten im oberen Bereich der Heizung, wo die Luft am ehesten eingeschlossen wird.

Schritt 3: Stellen Sie die Heizung aus und lassen Sie sie abkühlen, damit Sie sich während des Entlüftens nicht auch noch Ihre andere Hand verbrennen.

Schritt 4: Machen Sie das Ventil des fehlerhaften Heizkörpers ausfindig: Es befindet sich im oberen Bereich einer der beiden Seiten.

Schritt 5: Verwenden Sie einen Entlüftungsschlüssel oder einen flachen Schraubenzieher, um das Ventil aufzudrehen. Seien Sie nicht beunruhigt wegen des Geräuschs des ausströmenden Gases. Das ist ganz normal.

Schritt 6: Sobald plötzlich heißes Wasser im ganzen Zimmer herumspritzt, schließen Sie das Ventil wieder.

Herummäkeln

Das Fehlerfinden ist eine der Lieblingsbeschäftigungen des Mannes. Hätte der moderne Mann damals herumgelungert, als dem Kölner Dom der Feinschliff verpasst wurde, hätte er allen zur gelungenen Architektur gratuliert und gleichzeitig angemerkt, was für ein Albtraum das Sauberhalten der gotischen Steinfassade darstellen und wie teuer das Heizen wohl werden wird.

Im häuslichen Umfeld kann sich dies als ärgerlich erweisen. Wozu sich für jemanden Mühe geben, wenn der erste Kommentar dieser Person lautet, dass man das Licht oben angelassen hat?

> »Wie alle jungen Männer machte ich mich daran, ein Genie zu werden, doch zum Glück kam mir das Lachen dazwischen.«

Lawrence Durrell

Hoden neu sortieren

Wird auch gerne als »Taschenbillard« bezeichnet. Ist ein Hoden in der falschen Seite der Unterhose gefangen; ist er grausam verschlungen in eine verwickelte Boxershorts; klebt er schweißnass an einem Oberschenkel oder fühlt sich ohne ersichtlichen Grund einfach ungut an, so hat ein Mann keine andere Wahl, als die Sache sofort in die Hand zu nehmen. Selbst wenn er kurz davor ist, der Queen die Hand zu schütteln.

»**Ein Mann, der nicht
auf seine Weise denkt,
denkt überhaupt nicht.**«

Oscar Wilde

Hosentaschen vollstopfen

Herrentaschen mögen sich vorsichtig ihren Weg zur Akzeptanz gebahnt haben, dennoch würde die Männerwelt insgesamt betrachtet ihrem Tagesgeschäft lieber gepäckfrei nachgehen – insbesondere, wenn einem jenes Gepäck als Handtasche ausgelegt werden könnte. Leider hat die moderne Leidenschaft für winzige tragbare Gegenstände gänzlich unerwartet für mehr Gepäck gesorgt.

Früher einmal ging ein Mann zur Arbeit mit nichts als einem dick mit Schmalz beschmierten Brot in Wachspapier in Händen und drei Groschen in der Hosentasche für ein Bier nach Schichtende, die Fahrt nach Hause mit der Pferdekutsche sowie ein paar Kohlrouladen. Hätte er außerdem noch seine gesamte Musiksammlung, sein Grammofon, sein Telefon, sein Adressbuch und alles Geld auf seinem Konto mitnehmen wollen, wäre eine Schubkarre nötig gewesen, also hat er drauf gepfiffen.

Auf die eine oder andere Weise hat man das Obengenannte mittlerweile auf tragbare Gegenstände geschrumpft – Smartphones, MP4-Player, Kopfhörer, Kreditkarten und so weiter. Einzeln gleiten sie alle wunderbar in eine Hosentasche, zusammengenommen bilden sie ein saumdehnendes Bündel, das keinen Platz für ein Schnupftuch übrig lässt und den Eindruck vermittelt, der Herr hätte seltsam entzündete Oberschenkel.

I

WIE…

In großen Gruppen zocken

Sich zu einem gemeinsamen Abend versammeln, der dem Auslöschen virtueller Feinde gewidmet ist, erfreut sich großer Beliebtheit bei Gruppen junger, für gewöhnlich alleinstehender Männer. Freunde schweißen sich enger zusammen mittels gemeinschaftlicher Videospielgewalt und des Weiterreichens fettiger Chipstüten. Es handelt sich hierbei um eine der seltenen Gelegenheiten, bei denen Männer einträchtig auf ein gemeinsames Ziel hinarbeiten, das da wäre: töten, töten, TÖTEN!

Das Online-Zocken mag sich ebenfalls gewisser Beliebtheit erfreuen, bietet jedoch nicht dieselbe gesellschaftliche Erbauung. Hat ein Spieler mithilfe eines Teenagers in Usbekistan einem Außerirdischen erfolgreich die Birne weggepustet, wird er allein in einem dunklen Raum zurückgelassen und hat nichts davon außer einem Daumen-hoch-Emoticon. Das Positive daran: Er hat gerade gezeigt, dass im Falle einer Invasion der Außerirdischen ein länderübergreifender Widerstand sehr wohl möglich ist.

Interesse für Kriegsgeschichte

Der Durchschnittsmann, dem Sie heutzutage zufällig auf der Straße begegnen, hat höchstwahrscheinlich kein einziges Gefecht an einem Kriegsschauplatz miterlebt. Im Gegensatz zu den 1920ern oder 1950ern etwa, als ein guter Teil der männlichen Bevölkerung bereits Zeuge davon geworden war, wie einem anderen im Rahmen eines kürzlich stattgefundenen Weltkriegs der Kopf weggeballert wurde. Komisch also, dass diese Zeitabschnitte oftmals als arglos verklärt werden.

Ein kleiner Teil der männlichen Psyche findet dies bedauerlich, denn jener Teil der männlichen Psyche findet Weltkriege super.

Normale Regeln besitzen keine Gültigkeit mehr während eines Weltkriegs. Hochschulabsolventen raufen sich nicht mehr um Jobs in multinationalen Konzernen, die sie innerhalb von fünf Jahren mit Selbsthass erfüllen; sie raufen sich auf Schlachtfeldern, als Teil eines großen, geschichtsprägenden Narrativs. Und alle haben Sex, weil sie ja morgen schon tot sein könnten, was nicht gerade ein Kompliment ist – »Hey, lass es uns einfach tun! Aller Wahrscheinlichkeit nach wirst du in absehbarer Zeit von einem MG zerfleischt, also müssen wir auch kein unangenehmes Trennungsgespräch führen« –, aber Männer nehmen nun mal, was sie kriegen können.

Wenn man die Teile ausblendet, in denen man im eiskalten Nordatlantik ertrinkt, in einem Panzer verbrennt oder in einem Kriegsgefangenenlanger seine eigenen Exkremente nach essbaren Stückchen absuchen muss – sowie die Tatsache, dass wahrscheinlich nicht alle andauernd Sex haben –, dann sind Weltkriege tatsächlich geil.

Zum Glück kommen die meisten Männer ihnen nicht näher als dem History Channel.

»Beinahe alle Männer können
      Widrigkeiten aushalten,
aber willst du den Charakter
    eines Mannes prüfen,
        so gib ihm Macht.«

Abraham Lincoln

J

WIE...

Jeans mit spitzen Schuhen kombinieren

Sportliche Eleganz ist ein schwieriges Mode-Kunststück, das kaum einer zustande bringt, und sollte deshalb nur mit großer Vorsicht angegangen werden. Die Verbindung von spitzen Schuhen, die den Fuß in lachhafte Längen ziehen, und Jeans, die deshalb verständlicherweise betrübt sind, stellt den Gipfel eines Phänomens dar, das man am Wochenende in den Warteschlangen vor den Diskotheken dieses Landes beobachten kann.

Wären Türsteher nicht die Gebieter dessen, was eine geschmackvolle Abendgarderobe darstellt, wäre das vermutlich nie passiert.

Wie man es in einen Nachtclub schafft

Schritt 1: Beobachten Sie die Warteschlange aus sicherer Entfernung. Merken Sie sich: Was tragen die Leute? Wie verhalten sie sich? Sind die Türsteher über alles erhaben oder plaudern sie hier und da mal? Gewähren sie nur Promis Einlass?

Schritt 2: Stellen Sie sich ein dementsprechendes Outfit zusammen. Was eine angemessene Garderobe darstellt, unterscheidet sich drastisch von Club zu Club, doch als generelle Regel gilt: Außerhalb von Großstädten ist die Kombination von lässigen Jeans und Turnschuhen nicht gerne gesehen.

Schritt 3: Stellen Sie sich in nüchternem Zustand in die Warteschlange, oder machen Sie wenigstens einen nüchternen Eindruck. Trotz ihres Rufs sind Rausschmeißer sehr darum bemüht, Gewalt zu vermeiden, und betrunkene Männer sind nun mal die begierigsten, wenngleich am wenigsten fähigen Kämpfer.

Schritt 4: Teilen Sie große Gruppen paarweise auf. Türsteher haben die Erfahrung gemacht, dass eine Männermeute in schicken Hemden kaum bezwingbar ist, wenn sie einmal Blut gerochen hat. An Hetero-Clubnächten wird gerne auf ein Geschlechtergleichgewicht geachtet, also schließen Sie in jedem Paar wenn möglich eine Frau mit ein.

Schritt 5: Nähern Sie sich den Türstehern selbstbewusst und widmen Sie ihnen einen kurzen Gruß – »Abend« hat sich hier als effektiv erwiesen. Falls sie sich zu einer Unterhaltung entschließen sollten, dürfen Sie mit einstimmen und dabei möglichst den Namen eines Gast-DJs des heutigen Abends einwerfen.

Schritt 6: Seien Sie sich im Klaren darüber, dass Sie an manchen Tagen einfach deshalb nicht eingelassen werden, weil Ihr Gesicht nicht so richtig reinpasst. Akzeptieren Sie diese irrationale Argumentation mit Würde und Demut, damit Sie nächstes Mal nicht erst recht keinen Einlass bekommen.

Jonglieren

Nicht jeder Mann möchte in einem Zirkus auftreten – oder eine Karriere als Clown antreten –, doch sie alle würden gerne des Jonglierens mächtig sein. Warum? Weil es eine simple Kunst ist, die unverhältnismäßig beeindruckend auf diejenigen wirkt, die sie noch nicht gemeistert haben, üblicherweise kleine Kinder. Sobald ein Mann jonglieren kann, wird aus jeder gut gefüllten Obstschale eine Gelegenheit zum Angeben. Und wenn es eins gibt, was Männer wollen, dann noch mehr Gelegenheiten zum Angeben.

Wie man mit drei Bällen jongliert

Schritt 1: Wählen Sie Objekte aus, mit denen Sie jonglieren möchten. Knüppel, Messer oder brennende Gegenstände sollten Sie meiden, bis Ihr Können fortgeschrittener ist. Handgroße Bean Bags oder Bälle sind für Anfänger ideal.

Schritt 2: Räumen Sie sämtliche zerbrechlichen Gegenstände aus dem Weg.

Schritt 3: Üben Sie, den Ball in einem gleichmäßigen Bogen von einer Hand zur anderen zu werfen, wobei Ihre Augenhöhe den höchsten Punkt darstellt.

Schritt 4: Bringen Sie einen zweiten Ball ins Spiel. Sobald der erste Ball seinen höchsten Punkt erreicht hat, bringen Sie den zweiten Ball mit Ihrer anderen Hand auf eine etwas andere Flugbahn. Wiederholen Sie dies und kommen Sie in einen Werfen-werfen-fangen-fangen-Rhythmus.

Schritt 5: Bringen Sie einen dritten Ball ins Spiel. Sie halten zwei Bälle in Ihrer rechten Hand (oder umgekehrt, falls Sie Linkshänder sind) und werfen zunächst einen davon in die Luft; sobald er seinen höchsten Punkt erreicht hat, werfen Sie den einzelnen Ball in Ihrer linken Hand nach oben. Während der zweite Ball seinen höchsten Punkt erreicht, fangen Sie den ersten Ball mit Ihrer linken Hand und werfen den dritten Ball mit Ihrer rechten.

Schritt 6: Fahren Sie damit fort und perfektionieren Sie den Ablauf, bevor Sie sich den rohen Hühnereiern widmen.

Jugendliche nachahmen

Es gibt Männer, die im Alter eine zunehmende Angst vor Jugendlichen entwickeln, und es gibt solche, die sich bemühen, sie zu kopieren. Unterm Strich lässt sich sagen, dass ein Mann über vierzig, der mit einem zusammenklappbaren Tretroller zur Arbeit erscheint und seine Fahrt als »krank« beschreibt (und zwar positiv), geringfügig schlimmer ist als ein Mann, der jeden unter zwanzig ohne Schulranzen oder anständige Frisur als wandelnde Gefängnisstrafe in spe abhakt.

> »Jungs bleiben Jungs,
> genau wie ziemlich
> viele mittelalte Männer auch.«
>
> Kin Hubbard

Justieren

Nicht einmal das geradeste Bild hängt wirklich gerade, bevor ein Mann es nicht justiert hat. Erst wenn er Hand an jede Seite des Rahmens gelegt hat und ihm seine innere Wasserwaage hat zuteilwerden lassen, indem er ihn vorsichtig zur einen und dann zur anderen Seite geneigt hat, glaubt er an die perfekte Justierung. Womöglich stellen Sie fest, dass Ihr Bild danach ein klein wenig schief hängt.

Dasselbe gilt für Spiegel, Garderobenleisten und Regale.

K

WIE …

Karate-Tritte

Betrachtet man die geballte kulturelle Macht von Hong Kong Pfui, Mr. Miyagi und den Teenage Mutant Ninja Turtles, so ist es wenig überraschend, dass Jungs mit solch einer Ehrfurcht vor der Kampfkunst aufwachsen. Diese Ehrfurcht verblasst keineswegs, wenn der Junge zum Mann wird – sie entwickelt sich lediglich weiter zu einem Faible für Bruce Lee sowie zu der ernsthaften Überzeugung, dass er im Angriffsfall jede Straßenräuberbande mit einer Art Sprungtritt ausschalten könnte.

Und nichts, aber auch gar nichts könnte einen Mann davon abhalten, im stillen Kämmerlein für den Fall der Fälle zu trainieren. Aus diesem Grund kann er dabei beobachtet werden, wie er sein Bein über Tischecken oder Kleinkinder schwingen lässt und dabei »HaIIIIIIah!« brüllt. Oftmals führt dies zu Verletzungen an Fußsehnen.

Karten lesen

Die Beziehung zwischen Mann und Landkarte beginnt ungefähr dann, wenn er sich den Pfadfindern anschließt oder Fantasy-Romane zu lesen beginnt. Bei den Pfadfindern bringt man ihm bei, dass es sich dabei um ein allmächtiges Reise-Instrument handelt, das man stets in einem wasserfesten Umschlag aufbewahren muss — er wird viele Stunden damit zubringen, es auf einem feuchten Acker anzustarren mit der Frage im Hinterkopf: Wenn es so unglaublich mächtig ist, wieso schickt es mich dann dauernd in die falsche Richtung? Daheim verfolgt er Frodos Reise durch Mittelerde auf den Kartenillustrationen in *Der Herr der Ringe* und wird die Kartografie von da ab mit Mysterien und Abenteuern assoziieren — und der romantischen Vorstellung, dass in den nicht gekennzeichneten Stellen des Straßenatlasses ein Hobbit hausen mag.

Diese sich in der Kindheit herauskristallisierende Vorliebe für Karten wird bis ins Erwachsenenalter anhalten. Aus diesem Grund würde ein Mann eher einem 25 Jahre alten ADAC-Straßenatlas trauen, dem mehrere essenzielle Seiten fehlen, sowie einem Hirn, das ihn zu einer 3,0 in Erdkunde katapultierte, als einem Navi.

Männlichen Autofahrern erscheint die Richtung, die ihnen von einem Navi vorgegeben wird, nicht wie eine Tatsachenaussage, sondern wie die erste Salve in einem frustrierenden Dialog bezüglich der

Klugheit der vorgeschlagenen Route. Sogar wenn das Navi ihn an sein Ziel gebracht hat, wird der Fahrer insistieren, dass es ihn zu früh von der A1 hat abfahren lassen.

Eine Schande, wenn man bedenkt, welche Mühen sich die Menschheit machen musste, wie viel Geld sie investiert hat und welche wissenschaftlichen Genies sie von überall auf der Welt herangezogen hat, bis sie Satelliten in den Orbit schießen konnte, die ein bis oben vollgepacktes Auto in eine Ferienwohnung nach Husum zu leiten vermögen.

Wie man Karte und Kompass richtig benutzt

Schritt 1: Ermitteln Sie Ihren Aufenthaltsort, indem Sie markante Punkte in Ihrer Nähe ausmachen.

Schritt 2: Legen Sie den Kompass auf die Karte und verbinden Sie Start und Ziel Ihrer Route mit der Kompasskante. Der Richtungspfeil muss dabei zum Zielpunkt weisen.

Schritt 3: Prüfen Sie, ob der direkte Weg wirklich der beste ist. Wenn er sehr eng beieinanderliegende Höhenlinien aufweist, müssen Sie womöglich einen Berg erklimmen.

Schritt 4: Möchten Sie Ihre Route ändern, wiederholen Sie Schritt 2 und tragen eine Route um den Berg herum ein.

Schritt 5: Drehen Sie das Kompassgehäuse so lange, bis der Orientierungspfeil parallel zu den Nord-Süd-Linien der Karte steht und nach Norden zeigt.

Schritt 6: Die Zahl am Kompassgehäuse, die eine Linie mit dem Richtungspfeil bildet, ist Ihr Richtungswinkel. Durch Verdrehen des Gehäuses müssen Sie nun noch die magnetische Missweisung addieren, denn der magnetische Norden wandert im Verlauf der Zeit. Den genauen Betrag dieser Missweisung finden Sie in der Kartenlegende.

Schritt 7: Drehen Sie den gesamten Kompass so lange, bis magnetische Nadel und Orientierungspfeil in die gleiche Richtung zeigen.

Schritt 8: Folgen Sie dem Richtungspfeil.

Keine Weihnachtskarten verschicken

Weihnachtskarten sind eine enorme Verschwendung von Zeit und Papier. Warum sich mit dem Schreiben und Versenden abplagen, wenn der Empfänger sich maximal dreißig Sekunden lang damit beschäftigt, bevor er sie hinter die ernst gemeinte Weihnachtskrippe stellt, die Tante Dorothee geschickt hat? So seine Logik.

Er weiß zudem, dass das Verschicken von Karten eine lebenslange Bürde darstellt – sobald ein gegenseitiger Austausch etabliert ist, wird ein urplötzliches Aufhören die Gegenseite zur Frage veranlassen, was sie bloß Falsches getan hat. Und das ausgerechnet an Weihnachten.

Diese Verpflichtung möchte sich ein Mann nicht aufbürden. Stattdessen wird er von dem Augenblick, an dem er von zu Hause auszieht und sein Name von der Familienkarte verschwindet, einfach so lange warten, bis er sich in einer langen Beziehung befindet und sie seinen Namen an den ihren hängt.

Klositzungen

Für den Mann beinhalten die meisten Besuche des Badezimmers das Stehen an einer Toilettenschüssel (siehe auch: Fehlerhaftes Pinkeln, S. 68). Deshalb stellt das Sitzen auf selbiger so etwas wie ein Novum dar und wird vom Mann in vollen Zügen genossen. Nicht selten liest er ein Buch oder eine Zeitung

vor, während und nach dem Stuhlgang und dehnt die Sitzung in eine Hämorrhoiden hervorrufende Länge. Ein kleines Opfer für zwanzig ungestörte Minuten mit dem Sportteil.

Manche ermutigen ihre Gäste zum Lesen auf der Toilette, indem sie einen Korb mit Zeitschriften und Bücherneuerscheinungen bereitstellen. Falls Sie versucht sind zuzugreifen, denken Sie kurz nach: Wer mag wohl die letzte Person gewesen sein, die *Schöner Wohnen* in Händen hielt, und was hat sie gemacht? Können Sie sicher sein, dass sie mit dem Lesen aufgehört hat, als sie mit dem Abputzen begann?

Das Smartphone hat die Klositzung in eine neue Dimension gehoben, da man heutzutage sein Geschäft verrichten kann, während man... seine Geschäfte verrichtet. Des Weiteren hat es die drängendste Frage unserer Zeit aufgeworfen: Ist es jemals angebracht, ans Telefon zu gehen, wenn man gerade Kacka macht?

Kneipenschlägereien

Jeden Freitagabend schlagen sich Männer in einer Kneipe bei Ihnen um die Ecke die Köpfe ein und knurren einander mit rhetorischen Fragen an wie etwa: »Willst du eine auf die Fresse, ja?«, während besorgte Freundinnen im Hintergrund »Der isses doch nicht wert, Schatz!« schreien.

Die meisten dieser Männer sind absolut vernünftige Menschen in ihrem normalen Alltag: anständige Bürger, die anderen die Tür aufhalten, ihren Freundinnen süße Katzenfotos weiterleiten und sich von bedrohlicher, blutiger Gewalt fernhalten, wenn jemand ihr Getränk umstößt oder aus Versehen in ihre Richtung schaut. In der Macho-Kneipenatmosphäre hingegen wird sich auch mit der kleinsten Kleinigkeit aggressiv befasst.

Zum Glück verwandeln sich diese Pattsituationen nur selten in eine ausgewachsene Kneipenprügelei. Der Großteil der Männer hat noch nie jemanden geschlagen, schon gar nicht in den Kopfbereich, und sie ahnen, dass es weniger Spaß macht, als es in den Filmen aussieht.

Kriegsspiele

Seit Mitte des 20. Jahrhunderts sind westliche Männer insgesamt von der unerbittlichen Härte des Kampfs verschont geblieben und haben eine alltägliche Existenz lieb gewonnen, die kein beträchtliches Blutvergießen involviert. Doch der kriegerische Instinkt bleibt stark – Paintball und andere kampfnachahmende Spiele ermöglichen es dem Mann, diesen Instinkt zu befriedigen und dennoch bis weit ins Rentenalter hinein zu leben.

Küchen-Faschismus

Männer sind Spätzünder, was die Küche anbelangt — mehrere Tausend Jahre haben sie verschlafen —, doch dieses Säumnis machen sie im 21. Jahrhundert wieder wett. Manche überschreiten dabei natürlich die Grenze zwischen begeisterter Hilfsbereitschaft und übereifrigem Streben nach dem perfekten Sous-vide-Garen der Foie gras.

Die eigene Küche mit dieser Spezies Koch zu teilen ist eine wahre Prüfung: Sie wird sich nicht für Ihre Vorgaben erwärmen, selbst wenn sich Ihr Zutun auf das Umrühren der Rotwein-Reduktion beschränkt. Wenn hingegen Sie am Herd stehen, wird diese Spezies in der Ecke stehen und Dinge fragen wie: »Fehlt hier nicht ein Hauch wilder Sauerampfer?«, oder: »Sollte man das Lamm nicht besser mit Stroh räuchern?«

Die Zubereitung des Abendessens wird zur übertrieben großspurigen Pflicht und beinhaltet das Ausfindigmachen des einzigen Metzgers weit und breit, der seine Schweine vegan mästet. Es kann durchaus auch das Stapfen über den heimischen Sportplatz beinhalten, um ein bestimmtes Kraut zu suchen, das nicht von einem Hund beschmutzt worden ist. Dies ist umso frustrierender, als sich jene Sportplätze gerne in unmittelbarer Nähe eines großen Supermarkts befinden.

Wie man ein einfaches, aber beeindruckendes Mahl zubereitet

Schritt 1: Beginnen Sie mit einem einfachen Gericht, das sich gut vorbereiten lässt, wie z. B. eingelegte Shrimps.

Schritt 2: Hierfür zerlassen Sie Butter in einer Pfanne, erhitzen die Shrimps darin und geben je eine Messerspitze Muskat und Cayennepfeffer hinzu. Schmecken Sie mit Salz und Pfeffer ab, dann legen Sie die Shrimps in Auflaufförmchen, beträufeln sie mit der restlichen Butter und stellen sie in den Kühlschrank. Reichen Sie dazu dicke Scheiben dunklen Brots.

Schritt 3: Verlassen Sie sich bei Ihrem Hauptgericht auf einen garantierten Publikumsliebling. Niemand wird die Nase beispielsweise bei einem Steak rümpfen. Außer vielleicht ein Vegetarier.

Schritt 4: Kreieren Sie statt einer komplizierten Soße einfach diverse Stücke Kräuterbutter, die Sie jederzeit hervorzaubern können. Mischen Sie hierfür zerstoßene Pfefferkörner oder ein Kraut oder Gewürz Ihrer Wahl in die Butter, schlagen sie in Frischhaltefolie und legen sie ins Gefrierfach.

Schritt 5: Servieren Sie als Beilage jede Menge Kartoffelschnitze aus dem Ofen oder Backofen-Pommes – es sei denn, Sie besitzen eine Fritteuse und wollen diese tatsächlich mal verwenden.

Schritt 6: Reichen Sie dazu noch einen Beilagensalat aus Wasserkresse, angemacht mit einem Dressing aus Olivenöl, ein paar Spritzern Zitronensaft sowie Salz und Pfeffer.

Schritt 7: Legen Sie sich einen Vorrat an tiefgekühlten Sommerfrüchten oder Beeren zu. Püriert mit Zucker und einem Spritzer Wasser, macht sich das daraus entstandene Coulis hervorragend auf Cheesecake oder Schoko-Brownies und wird zum echten Gourmet-Dessert.

L

WIE …

Last-minute-Shopping

Selbst aktiven und äußerlich gesunden Männern fällt es schwer, mehr als eine Stunde lang shoppen zu gehen, ohne Zeichen chronischer Müdigkeit an den Tag zu legen wie etwa Muskelschmerzen, Gereiztheit und das verzweifelte Bedürfnis, nach den Fußballergebnissen zu schauen. Das ist der Grund, warum man auf den meisten Einzelhandelsflächen mindestens drei Männer dabei beobachten kann, wie sie gegen eine Wand gelehnt in ihr Smartphone starren.

Männer besitzen eine extrem niedrige Toleranzschwelle beim Stöbern und haben Schwierigkeiten mit der Konzentration, wenn sie mit mehr als zwei Pullovermodellen konfrontiert werden. Sie bevorzugen ein klar gestecktes Ziel und eine knappe Frist, als ob sie sich auf einer Mission mit Sondereinsatzkräften befänden – sie stürmen hinein und wieder hinaus, es wird nicht getrödelt im Feindesland.

Genau wie bei Soldaten, wenn sie in den Kampf ziehen, sind es die Lieben daheim, die am meisten darunter leiden müssen – in diesem Fall aufgrund unüberlegter und hastig ausgesuchter Weihnachts- und Geburtstagsgeschenke.

Wie Sie ein Geschenk für Ihre Partnerin aussuchen

Schritt 1: Kaufen Sie ein Geschenk, welches beweist, dass Sie sich ein paar Gedanken gemacht haben, und seien es noch so wenige gewesen.

Schritt 2: Wie wäre es mit Schmuck mit persönlicher Gravur oder einem Erlebnisgeschenk für Sie beide? Prüfen Sie bitte unbedingt vorher, ob Fallschirmspringen für sie infrage käme.

Schritt 3: Falls Sie sich für Dessous entscheiden, suchen Sie etwas aus, in dem sie sich wohlfühlt. Nicht etwas, in dem sie Ihrer Meinung nach als Stripperin gut rüberkäme. Finden Sie ihre Größe heraus – wenn Sie unsicher sind, nehmen Sie natürlich das kleinere Modell.

Schritt 4: Lassen Sie sich das Geschenk beim Kauf hübsch einpacken – Sie werden es nicht besser hinkriegen.

Schritt 5: Behalten Sie die Quittung.

Lausige Planung des Soziallebens

Nur wenige Dinge bedürfen nach Meinung eines Mannes sorgfältiger Planung. Dazu gehören Kriege, der öffentliche Verkehr und Kaffeepausen. Das Soziallebens nicht.

Sein Leben folgt der Maxime: Man soll die Feste feiern, wie sie fallen – was durchaus richtig ist, wenn man noch studiert und jeden Abend in die Kneipe geht. Sobald man seine WG verlassen hat, stehen die Chancen dagegen eher schlecht, dass sämtliche Freunde sich ohne ein wenig Planung zur selben Zeit am selben Ort befinden und sich unbedingt betrinken wollen.

Dennoch würde sich ein Mann lieber alles offenhalten, als einem Abendessen drei Monate im Voraus zuzusagen – wer weiß, in welcher Stimmung er dann sein wird? Wahrscheinlich nicht in Stimmung für ein Abendessen. Besonders wenn er dabei zwischen einem alten Uni-Kumpel, der einst Prominentenstatus durch das Rülpsen der Titelmelodie des »Aktuellen Sportstudios« errang, und dem neuen Chef seiner Frau vermitteln soll.

Wie man stressfrei zum Abendessen einlädt

Schritt 1: Wählen Sie die Gäste sorgfältig aus. Sorgen Sie dafür, dass einige der Gäste sich schon kennen, damit Sie nicht den ganzen Abend lang die Unterhaltung zünden müssen.

Schritt 2: Erkundigen Sie sich nach möglichen Ernährungsbesonderheiten, bevor Sie das Menü planen.

Schritt 3: Wählen Sie ein unkompliziertes Gericht, das Sie wenigstens teilweise im Voraus zubereiten können, damit Sie nicht den ganzen Abend in der Küche zubringen müssen.
(Siehe auch: Wie man ein einfaches, aber beeindruckendes Mahl zubereitet, S. 133).

Schritt 4: Finden Sie heraus, wie lange Sie genau für jedes einzelne Gericht benötigen. Niemand möchte sich um 23 Uhr an den Hauptgang setzen. Außer Spaniern.

Schritt 5: Erstellen Sie eine möglichst gefällige Musik-Playlist. Dies ist nicht der richtige Augenblick, um Ihre Freunde in die skandinavische Heavy-Metal-Avantgarde einzuführen.

Schritt 6: Sorgen Sie für gemütliche Atmosphäre, indem Sie die Lampen dimmen und Kerzen anzünden.

Schritt 7: Wenn Sie zu einer großen Dinnerparty einladen (mehr als acht Gäste), legen Sie eine Tischordnung fest, damit die Gäste nicht umherrennen und sich auf keinen Platz festlegen wollen. Und sorgen Sie dafür, dass enge Freunde nicht ein Eckchen nur für sich beanspruchen.

Schritt 8: Auch wenn Sie meinen, Sie haben das Essen perfekt gewürzt, stellen Sie unbedingt Salz und Pfeffer auf den Tisch. Und seien Sie nicht beleidigt, wenn diese tatsächlich verwendet werden.

Schritt 9: Fangen Sie niemals mit dem Geschirrspülen an, bevor alle Gäste gegangen sind. Sie möchten doch nicht den Eindruck erwecken, als ob Ihnen saubere Teller wichtiger sind als Ihr Vergnügen. Beseitigen Sie aber die schlimmste Sauerei, ehe Sie ins Bett gehen – das macht den Morgen danach weit angenehmer.

Schritt 10: Stellen Sie sicher, dass genügend Alkohol da ist ...

Schritt 11: ...Sollten Sie aber müde werden, sagen Sie allen, es sei kein Alkohol mehr da. Sie werden schon bald nach Hause gehen.

(Das) Leben als großen Wettkampf betrachten

Das Leben ist ein einziger Wettkampf. Von Geburt an werden Babys vermessen; obwohl dies nur dem Beobachten ihres Wachstums dient, brechen Eltern in Jubel aus, wenn ihr Nachwuchs symbolische Marken knackt. In der Schule und auf der Universität werden Kinder und Heranwachsende dazu angehalten, ihre Kameraden sowohl akademisch als auch auf dem Sportplatz zu schlagen. Im Beruf feiert man den Ehrgeiz und das Überrunden der Kollegen bei Beförderungen.

Männer sind außerstande, diesen Wettkampfgeist in ihrer Freizeit abzustellen. Deshalb verschafft es ihnen Genugtuung, sich eine Flasche leicht giftiger Substanz – Pils – schneller als die anderen hinter die Binde kippen zu können, und deshalb sind sie auch nicht in der Lage, einer Aufforderung zum Armdrücken zu widerstehen (siehe auch: Armdrücken, S. 23).

Listen erstellen

Wenn es nach den Männern ginge, sollten sämtliche Shopping-Angelegenheiten in kurzschlussartigem Irrsinn erledigt werden. Eine Liste zwingt den Mann dazu, Dinge wie Weichspüler und Klopapier zu kaufen, wenn er seinen Wagen eigentlich nur mit riesigen Kisten Cornflakes und Bier im Sonderangebot füllen möchte. Oder mehrere Bottiche erlesener Oliven, wenn er sich in der Feinkostabteilung bei Karstadt befindet.

Stecken Sie ihn mit einer Gruppe anderer Männer in die Kneipe, und er wird zu einem großen Verfechter der Liste. Im Supermarkt mag er Willensfreiheit bevorzugen, doch man kann unmöglich von ihm erwarten, dass er eine Unterhaltung über den kompletten Abend hinweg aufrechterhält ohne ein wenig Struktur. Auch der ruhigste Mann wird lebhaft bei der Diskussion um Portugals besten Außenverteidiger in den 1970ern oder, in Kneipen mit Craft Ale und schüsselweise gesalzenen Cashewnüssen, um die Top Five der Elektro-Wegbereiter der Post-Punk-Ära.

Luftschlagzeug spielen

Das Luftschlagzeug ist der bessere Cousin der Luftgitarre. Eine Fantasieklampfe bietet weit weniger Freiheiten als zwei Fake-Stöcke und das größte Schlagzeug, das sich unser Gehirn vorstellen kann. Darüber hinaus kann man Luftschlagzeug auf dem Lenkrad während des Autofahrens spielen, obwohl der Künstler Vorsicht beim Treten des Bass-Drum-Fußpedals walten lassen sollte, wenn er sich in einer geschlossenen Ortschaft befindet.

Da es sich beim Luftschlagzeug um ein so ausdrucksstarkes Fantasie-Musikinstrument handelt, kann der Schlagzeuger den Song auf einer tieferen Ebene goutieren als der durchschnittliche Luftgitarrist, der lediglich auf ein wenig Spaß aus ist. Dies kommt dem männlichen Wunsch zupass, allen zu beweisen, dass er mehr »draufhat« als der Durchschnittshansel und demnach auf einer anderen intellektuellen Ebene unterwegs ist. Dieser Wunsch endet unweigerlich darin, dass er wie ein Idiot dasteht.

Sollten Sie jemals einen Mann sehen, der, ohne einen Laut von sich zu geben, wild und rhythmisch mit den Armen herumwedelt, so lassen Sie ihn machen. Er könnte gerade mitten in seinem liebsten Schlagzeugsolo stecken. Wobei natürlich schon auch eine gewisse Chance besteht, dass er gleich einen Riesenkrawall anzetteln wird.

Lustloses Aufräumen

Das Aufräumen ist keine Arbeit, die es gut zu erledigen gilt. Es gilt, sie möglichst schnell hinter sich zu bringen. Involviert das Wegräumen von Töpfen und Pfannen das Umräumen des Töpfe-und-Pfannen-Schranks, so wird der lustlose Aufräumer schlicht einen anderen Platz für sie finden, statt sich so viele Umstände zu machen. Aus diesem Grund finden Sie niemals das, was Sie suchen, wenn ein Mann aufgeräumt hat.

Gleichermaßen stellt ein aufgeräumtes Heim eine Einladung zum Schauen einer DVD-Box dar. Keinesfalls stellt es eine Einladung dar, die schmutzige Wäsche im Wäschekorb zu sondieren oder zu erkunden, ob die Geschirrspülmaschine ausgeräumt werden könnte.

M

WIE ...

Mangelnde Flexibilität bei der Heizungsregulierung

Auch wenn sie zur Regulierung gedacht sind – ein Mann glaubt, man sollte ein Thermostat niemals antasten. Schon gar nicht, um es hochzustellen.

Bedauerlicherweise würde jeder seiner Mitbewohner lieber ein wenig mehr Gas verbrauchen, statt einen Wintermantel im Bett zu tragen. Im ganzen Land werden daraufhin Haushalte vom Kreislauf der vergeltenden Thermostat-Anpassung heimgesucht. Mann schlussfolgert, dass eine Temperaturerhöhung auf 28 Grad Celsius die Wohnung zum Glutofen macht, und stellt das Thermostat daraufhin übermäßig stark herunter. Dies gewährleistet, dass jedem schon bald wieder zu kalt ist. So kann man nicht leben.

Beständigkeit ist das, wonach er sich sehnt – es ist doch nun wirklich nicht nötig, irgendeinen Wohnraum über 20 Grad Celsius zu heizen, und ergo auch nicht nötig, das Thermostat anzurühren. Er mag dies zwar als Widerstand gegen umweltschädigende fossile Brennstoffe verkaufen – in Wahrheit will er einfach nur Geld sparen.

Wie Sie Ihre Gaszentralheizung möglichst effektiv nutzen

Schritt 1: Falls Ihre Heiztherme älter ist als Sie selbst, kaufen Sie eine neue. Das ist ein kostspieliges Unterfangen, wird sich auf lange Sicht aber auszahlen, sofern Sie nicht vorhaben, in nächster Zeit umzuziehen.

Schritt 2: Stellen Sie das Thermostat herunter. Die Höhe der Temperatur hat keine Auswirkung darauf, wie schnell ein Raum warm wird.

Schritt 3: Um die optimale Temperatur für Ihr Zuhause herauszufinden, stellen Sie das Thermostat auf 18 Grad Celsius und stellen es jeden Tag ein Grad höher, bis Sie an eine Temperatur fürs Hausinnere gelangt sind, auf die sich alle Familienmitglieder einigen können.

Schritt 4: Installieren Sie wenn möglich für jeden Wohnbereich einen eigenen Heizkreis und ein eigenes Thermostat. So können Sie die Temperatur dort nach unten stellen, wo Sie sich weniger oft aufhalten.

Schritt 5: Falls Sie sowohl Zimmerthermostate als auch Thermostatventile besitzen, stellen Sie die Ventile ein wenig höher als die Thermostate. Falls nicht, gehen Sie bei den Thermostatventilen wie in Schritt 3 vor.

Schritt 6: Behalten Sie nicht die Voreinstellungen Ihrer Heiztherme bei. Programmieren Sie diese so, dass sie Ihrem Wohnverhalten entspricht und unnötiges Heizen meidet. Solches Programmieren bitte nur in Angriff nehmen, wenn Sie massig Zeit haben, die Bedienungsanleitung zu lesen, und in entspannter Verfassung sind.

Schritt 7: Gehen Sie sicher, dass Ihre Heizkörper die Wärme frei zirkulieren lassen können und nicht von Abdeckungen, Möbelstücken oder trocknender Unterwäsche behindert werden.

Schritt 8: Ersetzen Sie sämtliche momentan verwendeten Heizkörper durch teure Gussheizkörper im Antik-Look.

Metall sondieren

Es ist ein Armutszeugnis für die Filmindustrie, dass sie mehr Hollywood-Blockbuster über Piraten hervorbringt als über Liebhaber des Metalldetektors. Beide tun doch im Grunde genommen das Gleiche: Sie jagen nach Schätzen.

Nicht nur die potenziellen Reichtümer verführen die beiden Jäger, sondern auch Realitätsflucht und Romantik, die mit dem Leben auf hoher See beziehungsweise einem matschigen Feld in Hankensbüttel einhergehen.

Miese Kontaktpflege

Irgendwann kommt beinahe jeder Mann mittleren Alters an den Punkt, an dem er sich fragt, warum er keine Freunde hat. Nur selten liegt es daran, dass er furchtbar unsympathisch ist – die meisten unsympathischen Menschen meinen, sie seien extrem beliebt –, und sicher hat er eine Menge Bekannte. Kollegen und die Eltern der Freunde seiner Kinder werden ihm Tag um Tag ein Dazugehörigkeitsgefühl vermitteln. Doch den Übergang von Bekanntem zu Vertrautem können nur diejenigen meistern, die sich auf dem gesellschaftlichen Parkett am elegantesten bewegen.

Was ihm fehlt, ist der unerschöpfliche Quell geteilter Erfahrungen und Insider-Scherze, auf die eine Clique aus Schul- oder Universitätszeiten zurückgreifen kann. Er hingegen scheint sich an den meisten Wochenenden mit der Kumpelkohorte seiner besseren Hälfte zu treffen, die sich alle seit dem ersten Tag im Kindergarten kennen.

Ein Mann nimmt sich keineswegs vor, den Kontakt zu allen Menschen zu verlieren, die sein frühes Erwachsenendasein geprägt haben. Er mäandert ihm entgegen, hält in regelmäßigen Abständen inne und denkt: »Ich muss endlich mal ein echtes Männerwochenende mit den Jungs organisieren.« Dann kommt er so lange nicht dazu, dass »die Jungs« auf seine E-Mail letzten Endes antworten: »Sorry, aber wer genau warst du noch mal?«

Missachten von Bedienungsanleitungen

Warum hinsetzen und die Bedienungsanleitung lesen, wenn man eine XL-Schubladenkommode zum Selbstaufbauen rein instinktiv errichten kann? Schritt-für-Schritt-Anleitungen sind für arme begriffsstutzige Teufel gedacht, die nicht die praktische Begabung besitzen, einen Haufen Holzfasern in ein schlichtes skandinavisches Möbelstück zu verwandeln – sich nach ihnen zu richten wäre ein klares Zeichen von Schwäche. Manch einem erscheinen die zehn Minuten Lektüre eine kluge Investition, wenn man bedenkt, dass sie einem das mehrstündige Anfluchen eines Scharniers ersparen. Aber was wissen die schon?

Gäbe es Zahlen und Statistiken für solche Dinge, so würden diese sicher Folgendes beweisen: Die meisten Haushaltsprodukte, die schon im zartesten Alter kaputtgehen oder auseinanderfallen, wurden zusammengebaut, programmiert oder gewartet von einem Mann, der die Bedienungsanleitung nicht gelesen hat.

Mürrischkeit

Unter erwachsenen Männern herrschen zwei mentale Alter vor: das eines Pubertierenden und das eines betagten Rentners. Die eine Hälfte ist nicht über die Reife eines Vierzehnjährigen hinausgekommen, die andere hat Mitte zwanzig ein paar Hausschlappen angezogen, eine sprichwörtliche Pfeife angezündet und nicht mehr aufgehört zu murren.

Muskeln anspannen im Spiegel

Kommt ein Mann in der Ungestörtheit seines Zuhauses an einem Spiegel vorbei, so ist dies eine automatische Einladung, den Bizeps zu flexen oder die Bauchmuskeln anzuspannen. Zwei unterschiedliche Typen des muskelspielenden Mannes lassen sich dabei ausmachen:

1) Der von Weichgewebe Besessene, der 08/15-Beziehungen zu anderen Menschen aufgegeben hat, um eine feste Bindung mit einem Paar Hanteln einzugehen. Er ist stets darum bemüht, dass sein Körper sich an den richtigen Stellen wölbt, und beeindruckt Vorbeigehende auf seinem Weg zum Fitnessstudio oder beim Einkauf von Protein-Shakes.

2) Der meist sesshafte Mann zwischen fünfundzwanzig und vierzig. Er treibt zwar hin und wieder Sport, bewegt sich jedoch unaufhaltsam auf ein Leben zu, das sich beinahe ausschließlich ums Sitzen dreht. Befindet dieser Typus sich oben ohne vor einem Spiegel, so spannt er seine Muskeln deshalb an, weil er sich vergewissern möchte, dass er aufgrund des kurzzeitig erscheinenden Hauchs von Konturen noch immer die zarte, durchtrainierte Elfe von damals ist.

Wie man Liegestütze macht

Schritt 1: Suchen Sie sich einen Ort, an dem Ihr Körper in Bauchlage genügend Platz hat und Sie keine Gefahr für Passanten darstellen.

Schritt 2: Stellen Sie Ihre Hände etwas weiter als schulterbreit auf den Boden.

Schritt 3: Stellen Sie Ihre Fußballen in bequemer und stabiler Position auf den Boden.

Schritt 4: Vergewissern Sie sich, dass Ihr Körper vom Kopf bis zu den Fersen eine stabile Diagonale bildet. Befindet sich Ihr Gesäß oberhalb Ihres Kopfes – oder berührt Ihr Bauch, egal wie dick, den Boden –, dann verändern Sie Ihre Position.

Schritt 5: Sobald Sie sich in der perfekten Liegestützposition befinden, senken Sie sich so weit herab, bis Ihre Nase beinahe den Boden berührt. Halten Sie Ihre Muskeln dabei angespannt.

Schritt 6: Widerstehen Sie an dieser Stelle der Versuchung, sich hinzulegen.

Schritt 7: Stemmen Sie sich wieder nach oben in die Liegestützposition.

Schritt 8: Wiederholen Sie Schritt 5 bis 7, wenn Sie dazu in der Lage sind.

»**Affen sind Männern insofern überlegen, als sie beim Betrachten ihrer selbst im Spiegel einen Affen erkennen.**«

Malcolm de Chazal

N

WIE ...

Nägel kauen

Kaut ein Mann gerade an seinen Nägeln herum, so wissen Sie wenigstens, dass seine Finger momentan nicht in der Nase popeln oder seine Hoden kraulen; sehr beruhigend. Von allen schlechten Angewohnheiten ist diese die am wenigsten verwerfliche. Ihr kann ohne weiteres am Arbeitsplatz nachgegangen werden, wodurch der Kauer sich die Mühe spart, daheim in seiner Freizeit einen Nagelknipser hernehmen zu müssen.

Einer der Hauptgründe dafür, dass Männer mit dem Yoga anfangen, ist der, dass sie so auch im Alter von dreißig noch mit dem Mund die Zehennägel erreichen können. Sollten Sie also jemals einen Mann mit einem Teil seines Fußes im Mund erwischen, gehen Sie nicht davon aus, dass er sich gerade einem autoerotischen Akt hingibt.

Nicht jugendfreie Fantasien

Die sexuellen Erwartungen des Mannes haben sich gewandelt, seit die Kopulation das digitale Zeitalter erreicht hat (siehe auch: Nicht jugendfreie Filmchen im Internet schauen, S. 160). Sehen wir uns die jüngste Evolution männlicher Fantasien kurz an.

1890er: Küchenmädchen lässt Silberlöffel fallen; als sie sich hinunterbeugt, um ihn aufzuheben, offenbart sich kurz ihr linker Knöchel.

1970er: Sekretärin nimmt ihre Brille ab und offenbart, dass sie in Wirklichkeit wunderschön ist. Daraufhin arbeitet sie sich mit ihrem Boss durch *The Joy of Sex*, oder zumindest durch das erste Kapitel.

2010er: Drei Zimmermädchen stolpern über zwei Sekretärinnen, die gerade mit einem unerklärlich unwiderstehlichen Mann mittleren Alters in einem Hotelzimmer Sex haben. Jeder treibt es mit jedem sowie allerhand frivolen Gegenständen.

Während die Komplexität männlicher Fantasien zunimmt, nimmt die Wahrscheinlichkeit, dass sie jemals in die Tat umgesetzt werden, ab. Bei den vollen Terminkalendern und den Kindern, mit denen man ja auch nach ihren Hobbys ab und an mal reden muss, ist es schließlich schwierig genug, alle zur gleichen Zeit in einem Zimmer versammelt zu kriegen. Und wäre ein Mann tatsächlich irgendwann mit solch einem Szenario konfrontiert, er würde sich in die Hosen machen.

Es könnte allerdings sein, dass er seine Partnerin hin und wieder um ein Brazilian Waxing bittet.

> »**Nymphomanin: eine Frau,**
> **die von Sex genauso besessen ist**
> **wie der durchschnittliche Mann.**«
>
> Mignon McLaughlin

Nicht jugendfreie Filmchen im Internet schauen

Dank des Internets können wir heute so viel Hardcore-Pornos anschauen, wie unser Hirn erträgt. Eine Gelegenheit, die Männer sich nur ungern entgehen lassen. In Kombination mit einer anderen aufregenden Entwicklung des digitalen Zeitalters, dem Arbeiten von zu Hause, kann man wohl von einer Verkettung masturbierender Umstände sprechen.

Nicht zugeben wollen, dass man weint

Bei manchen Anlässen dürfen Männer ruhig weinen: auf Beerdigungen, beim ersten Krippenspiel ihrer Tochter, während des Films *Ghost*. Und dennoch widersteht ein Mann dem Drang, verzieht sein Gesicht und kaut derart verzweifelt auf seinen Lippen herum, dass es scheint, sein Antlitz sei in einen Kampf mit sich selbst verwickelt.

Stoizismus in Anbetracht schwieriger Situationen hat bei Männern Tradition und führt für gewöhnlich dazu, dass sie ihren emotionalen Schmerz internalisieren und ihn dadurch verlängern, anstatt einfach mal kräftig zu heulen und sich danach besser zu fühlen.

Die Gesellschaft mag mittlerweile gütiger umgehen mit weinenden Männern, doch trotzdem gilt: Heult ein Mann in ganzer verquollener Pracht öfter als einmal im Jahr, wird er unweigerlich mit einem »Was hat er denn jetzt schon wieder?«-Augenrollen konfrontiert werden.

Nutzloses Anhäufen technischer Apparate

Jedem genügt ein 64-Zoll-Plasmafernseher mit 3D-Funktion. So lange, bis ein 64-Zoll-Plasmafernseher mit 3D-Funktion *und* Sprachsteuerung auf den Markt kommt und der technikhungrige Mann auf einmal meint, er hinke der Zeit hinterher. Vor lauter Angst, er könnte von seinem Besuch aus dem eigenen Haus gelacht werden, stürzt er in den nächsten Laden und kauft einen Fernsehapparat, mit dem er eine Unterhaltung führen kann.

Genau diese Mentalität bringt ihn dazu, vor einem Apple-Store zu kampieren, damit er das neue iPhone mit einem etwas größeren Display als das, wofür er letztes Jahr kampiert hat, kaufen kann.

> **»Die eigentliche Frage ist nicht,**
> **ob Maschinen denken,**
> **sondern ob Männer es tun.«**
>
> B. F. Skinner

O

WIE...

Öffentliches Entkleiden

Junge Männer finden großen Gefallen an Nacktheit im öffentlichen Raum. An heißen Tagen kann man sie dabei beobachten, wie sie mit entblößtem Oberkörper durch die Stadt laufen, das T-Shirt in die Jeans gesteckt und um die Beine flatternd. Das ist durchaus verständlich – es ist heiß, und ihre Bäuche sind noch flach –, auch wenn ihre Freundinnen diese Freiheit nicht genießen.

Studenten haben ebenfalls Freude am Entkleiden, insbesondere diejenigen, die Mitglied eines Sportvereins sind. Ob Männer, die zur Nacktheit in der Öffentlichkeit neigen, sich eher Sportvereinen anschließen oder ob einem das häufige gemeinsame Duschen eine freizügigere Einstellung gegenüber der Nacktheit in der Öffentlichkeit verleiht, lässt sich nicht sagen. Wenn ein Großteil der Fußballmannschaft beim Feiern um zwei Uhr morgens noch die Hosen anhat, wäre das allerdings eine Überraschung.

> »Eine nackte Frau in Stöckelschuhen ist wunderschön. Ein nackter Mann in Schuhen sieht aus wie ein Idiot.«

Christian Louboutin

Optimismus bezüglich des Wetters

Ein Mann lässt nichts zwischen ihn und seine Pläne kommen, schon gar nicht eine Lappalie wie das Wetter, das – wie es der Zufall will – stets kurz vorm »Aufklaren« ist.

Aus diesem Grund bestehen Männer auf ihrem Grillfest im Regen, und es sind für gewöhnlich Männer, die von der Bergwacht mit einem Helikopter aus einem Schneesturm gerettet werden müssen. Es sind deshalb auch Männer, die in den wolkigsten Klimazonen Solarzellenpaneele an ihrem Dach befestigen.

P

WIE …

Pessimismus

Es gibt Männer, die an allem etwas Negatives finden. Ihr geht picknicken? Sieht nach Regen aus. Ihr habt ein Haus gekauft? Was, bei der Marktlage?! Ihr macht eine Weltreise? Einen Arbeitsplatz werdet ihr wohl nicht mehr finden, wenn ihr zurück seid.

Sie haben sich auf Enttäuschung programmiert, dadurch wird jene Enttäuschung im Falle eines Falles ausgeglichen werden durch die Freude, recht behalten zu haben.

Pfeifen

Drei Arten des Pfeifens sind in allgemeinem Gebrauch: die melodische Begleitung einer praktischen Aufgabe, der scharfe Zwei-Finger-im-Mund-Pfiff, um die Aufmerksamkeit eines Hundes oder eines Kindes zu erregen, sowie das bewundernde Pfeifen. Alle drei Künste sind vom Aussterben bedroht.

Ein Baumhaus bauender Mann wird zu seiner Unterhaltung kaum die *Tatort*-Titelmelodie vor sich hin pfeifen, wenn er sich heute ein ganzes Symphonieorchester ins Ohr blasen lassen kann. Die alternde Landbevölkerung und die sinkende Zahl der Reportagen über Schäferhundeprüfungen haben zur Folge, dass die besten Zwei-Finger-Pfeifer bis zum Jahr 2050 ausgestorben sein werden. Für die Übriggebliebenen wird es eine App geben, mit der sie ihren Border Collie vom Schlafzimmer aus steuern können. Zudem lernen die Männer gerade nach und nach, dass das Hinterherpfeifen nicht unbedingt kultivierter ist, als »BOAH!« zu schreien, sich auf die Schenkel zu klopfen und zu sabbern.

Pompöse Junggesellenabschiede

Um das Ende seiner Junggesellentage zu feiern, begnügte sich ein Mann in vernünftigeren Zeiten gern mit zehn Maß Bier und einer Runde Kegeln, bevor er ausgezogen und an Straßenmobiliar gekettet wurde. Heutzutage erwartet er von seinen Freunden, dass sie ihn auf ein viertägiges Besäufnis nach Ljubljana begleiten.

Irgendwann auf dieser Feier – für gewöhnlich, wenn der erste Kater zum Tragen kommt – wird sich ein Mann, der nur eingeladen worden ist, um genügend Leute zusammenzukriegen, im Stillen fragen: Warum gebe ich gerade ein Monatsgehalt dafür aus, mir die Hucke im Ausland volllaufen zu lassen, wenn ich es genauso gut daheim tun könnte? Wenn er bereits ein Vermögen für eine Küchenmaschine hinblättern musste, weil man ihn auf der Geschenkewunschliste beim Ofenhandschuh, dem Brotkasten und den Servietten ausgestochen hat, erscheinen ihm die übertrieben hohen Ausgaben umso ärgerlicher.

Wenn er selbst dann an der Reihe ist, wird er seinen Trauzeugen selbstverständlich dazu bewegen, Flüge nach Las Vegas zu buchen.

Präzises Tanken

Sobald ein Mann eine Tankstelle auserwählt hat, begibt er sich an das Füllen seines Tanks mit einer Menge, die eine runde Zahl an Euro und Eurocent ergeben soll. Bei 39,83 EUR wird er stoppen, tanken, stoppen, tanken, und dann wird die Anzeige auf 40,03 EUR schießen.

Das Füllen mit 40 EUR hat keinerlei Nutzen, doch Männer verspüren ein paar kurze Augenblicke des Tages lang echten Triumph und finden großen Gefallen an kleinen Siegen wie diesen.

Probleme mit der Stimmlautstärke

Manche Männer nuscheln, andere reden derart laut, als ob sie ein Passagierdüsenflugzeug im Leerlauf übertönen müssten. Obwohl sie sich nicht ansatzweise in der Nähe eines Passagierdüsenflugzeugs befinden. Manche Männer tun beides.

Der Nuschler übermittelt seine Gedanken nur geringfügig lauter als in der Lautstärke, in der er sie denkt. So versunken ist er in seinen Gedankenvorgang, dass er vergisst, sie vom Sprachvorgang zu trennen – in dem Ausmaß, dass man nicht weiß, ob er gerade spricht oder denkt. Oder aber er ist derart unsicher bezüglich dessen, was er zu sagen hat, dass er nicht das Selbstbewusstsein besitzt, um es hörbar auszusprechen. Wenn ihm niemand antwortet, weil ihn niemand verstehen kann, verstärkt das nur die schlechte Meinung über die eigene Meinung und hält somit den teuflischen Nuschelkreis aufrecht.

Der laut sprechende Mann bemüht sich um eine tief klingende Resonanz, die seinen Worten Gewicht und Autorität verleihen soll. Häufig lässt sich feststellen, dass jene laut sprechenden Männer nur sehr wenig zu sagen haben.

Derjenige Mann, auf den beides zutrifft, will entweder das eine oder das andere kompensieren, normalerweise genau zum falschen Zeitpunkt.

Q

WIE …

Quälereien unter Freunden

Es ist eine völlig normale Angewohnheit unter jungen männlichen Freunden, dass sie sich so benehmen, als würden sie sich im Grunde hassen. Wenn sie zusammenkommen, lässt sich beobachten, wie sie leichte Quälereien betreiben. Dies kann wiederholtes Ohrenschnalzen beinhalten, gefährliches Entfernen der Sitzgelegenheit sowie das übermäßige Zufügen von Chili zu Nahrungsmitteln.

In der Gruppensituation fühlen sich Männer genötigt, auf diese kleinen Terrorakte mit dem Wiederholen ebenjener zu antworten. Nur umso härter. Andernfalls würden sie als lieb und empfindsam gelten. Dies gipfelt schließlich darin, dass sich alle mit Bier beschütten – und manchmal auch in einer Schlägerei.

Quizspiele

Wer braucht schon Wikipedia, wenn ihm das Hirn eines Mannes zur Verfügung steht? Quizspiele aller Art, besonders die in Kneipen und mit Bier, geben ihm Gelegenheit dazu, den dicken Wälzer mit Fakten, der da ungenutzt hinter seiner Stirn vergammelt, auf die Menschheit loszulassen.

Trotz dieses unerschöpflichen geistigen Quells besteht die übliche männliche Reaktion auf eine Quizfrage darin, sich die Haare zu raufen und zu brummeln: »Das weiß ich doch.« Was streng genommen nicht richtig ist, denn ein wichtiger Teil der Lösung besteht darin, dass man sie zur Hand hat, wenn die entsprechende Frage gestellt wird.

Die Sache klärt sich dann auf eine der beiden folgenden Arten:

1) Er stellt die Gültigkeit der Frage vehement infrage. Wenn er das Quiz letzten Endes nicht gewinnt, verlässt er frustriert die Kneipe, weil er weiß: Hätte man die richtigen Fragen gestellt, er hätte die Antworten gewusst.

2) Er gibt vor, er müsse einen wichtigen Anruf erledigen, geht nach draußen und sucht die Antwort auf Wikipedia.

Natürlich ist nur eins schlimmer, als von einem Schwindler geschlagen zu werden: von jemandem geschlagen zu werden, der alles weiß.

R

WIE ...

Rad fahren

Seit Deutschland wieder Erfolge in dieser Sitzsportart vorzuweisen hat, finden Millionen mittelalter Männer Gefallen daran, ihren Körper in üppiges Lycra® zu packen und viel zu enge Feldwege entlangzustrampeln. Ja, die Beliebtheit dieser Sportart hat sogar der Abkürzung MAMIL (mittelalte Männer in Lycra®) zu einem Eintrag in diversen Wörterbüchern verholfen.

Der engagierte MAMIL rasiert sich die Beine, wodurch er den Luftwiderstand verringert und gleichzeitig dem verbreiteten männlichen Wunsch nach den zart schimmernden Wadenmuskeln eines Laufstegmodels Rechnung trägt. Seine geschmeidigen Schenkel kann man auf kunstvollen Instagram-Fotos bewundern, die er nach Radclub-Reisen in die Pyrenäen auf Facebook hochgeladen hat. Zum Beispiel während man in einer Autoschlange steht und ungeduldig darauf wartet, dass man endlich an ihm vorbeiziehen kann, während er sich den Berg hochquält.

Das Radfahren hat Männern, die am Anfang einer Midlife-Crisis stehen, eine Menge zu bieten. Inmitten eines bestärkenden Pelotons gleichgesinnter Menschen können sie beweisen, dass sie körperlich leistungsfähige Wesen sind. Es dient außerdem als Ausrede dafür, dass sie Tausende Euro für handgefertigte Karbonräder plus Accessoires verschwenden – wie etwa Messgeräte zur Ermittlung der Wattleistung eines Fahrers –, die für einen Hobbyradler Mitte vierzig nicht unbedingt zwingend erforderlich sind. Ganz abgesehen davon, dass das Herumlungern in freizügigen gepolsterten Radlerhosen eine fantastische Methode ist, seine pubertierenden Kinder zu einem kleinen Aufenthalt an der frischen Luft zu ermuntern.

Ein ganz wesentlicher Aspekt ist auch, dass das Radfahren keine der Kehrseiten der Interessen aufweist, die traditionell von gelangweilten Männern mittleren Alters gepflegt werden: Affären mit jüngeren Frauen (bekanntermaßen schlecht für die Ehe), Sportwagen (wenig effektiv im Kampf gegen den boomenden Body-Mass-Index), Marathonlaufen (wenig Spielraum für teure Technologie) sowie Alkoholismus (alles Obengenannte).

(Siehe auch: Vernarrtheit in Hindernisläufe, S. 229)

Raufereien mit alten Freunden

R

Jungs raufen sich teils aus dem Ur-Instinkt heraus, die Tauglichkeit zum Alphamännchen unter Beweis stellen zu müssen, teils, weil sie nicht wissen, wohin mit ihrer überschüssigen Energie und worüber sie reden sollen. Im Erwachsenenalter ist das Raufen mit alten Freunden eine Methode, Zuneigung zu zeigen und dabei nichts Peinliches sagen zu müssen. Dabei wird sich ein Mann nur mit denjenigen raufen, mit denen er sich bereits als kleiner Junge gerauft hat – Herrn Kämpge aus der Buchhaltung in den Schwitzkasten zu nehmen, würde sich einfach nicht richtig anfühlen.

Bei manchen Männern lässt der Drang, das Alphamännchen zu markieren, im Alter keineswegs nach. Das ist die Sorte Mann, die dann aus Spaß mit dem Käfigkämpfen beginnt. Wenn Sie so jemanden kennen,

löschen Sie sofort seine Nummer, fahren Sie nach Hause und nennen eine falsche Nachsende-Adresse. (Siehe auch: Armdrücken, S. 23)

Wie man einem Schwitzkasten im Stehen entkommt

Schritt 1: Wenn Ihr Angreifer Ihren Kopf mit seinem rechten Arm hält, befreien Sie Ihren linken Arm und wickeln Sie ihn nach hinten um seine rechte Schulter.

Schritt 2: Drücken Sie ihm Ihre linke Hand kräftig ins Gesicht. Falls es sich bei ihm nicht einfach um einen verspielten alten Kumpel handelt, könnten Sie ihm auch die Finger in Nase oder Augen stechen.

Schritt 3: Legen Sie Ihre rechte Hand fest ums linke Handgelenk des Angreifers, damit er mit diesem Arm nicht nach Ihnen schlagen kann.

Schritt 4: Während Sie ihm ins Gesicht drücken, reißen Sie Ihr linkes Bein nach vorn und rammen ihm Ihr Knie kräftig in seine rechte Kniebeuge.

Schritt 5: Werfen Sie ihn zu Boden und hauen Sie ab.

Rennen auf halbherzige Art und Weise

Männer schlendern nicht gerne gemütlich daher. Schlendern legt nahe, dass man nichts Wichtiges zu tun hat, und selbst wenn das der Fall sein sollte, möchten sie um keinen Preis ein solches Bild abgeben. Das Lossprinten auf einem geschäftigen Bürgersteig ist dabei leider nicht immer sonderlich praktisch.

Das energische Schreiten könnte eine Option sein, liegt allerdings nur Generälen im Blut und denjenigen, die von klein auf über ihr Anwesen auf dem Land geschritten sind. Der lange Schritt des Grundeigentümers würde zudem seine Fähigkeit einschränken, behände die in modernen Fußgängerbereichen lauernden Hindernisse zu umgehen: Kinder auf Tretrollern oder, noch schlimmer, Erwachsene auf Tretrollern.

In den meisten Fällen unterdrückt ein Bursche in solchen Situationen seinen natürlichen Instinkt und muss in einem Niemandsland der Bewegung verharren, wo seine Beine mit dem Joggen beginnen, während sein Oberkörper weiterhin am Gehen ist. Diese Gangart ist auch an Fußgängerüberwegen zu beobachten, wenn er die Straße in dem Moment betritt, da die Ampel auf Rot schaltet.

Rollenspiele

Rollenspiele sind nicht gleich Rollenspiele. Einige sehen darin das Umherstreifen in einem Wald, möglicherweise auch das Tragen einer Ork-Maske und einer Axt aus Latex, im Rahmen eines aufwendigen Fantasy-Rollenspiels. Diese Variante nennt sich Live-Rollenspiel, unter Insidern auch LARP (live action role play).

Andere meinen, dabei gebe man vor, ein hochkarätiger CEO zu sein, gable eine Frau (die Ehefrau) in einer Bar auf und führe sie in ein Hotelzimmer. Dort hat er eine Entschuldigung dafür, Dinge zu tun, die er sonst nicht tun darf: die Mini-Bar leer trinken und Fesselspielchen spielen.

Nur selten überschneiden sich diese beiden Arten Rollenspiel – hauptsächlich deshalb, weil sie einem in noblen Cocktailschuppen am Eingang die Axt abnehmen. In beiden Fällen beinhalten Rollenspiele normalerweise Sex oder Gewalt. Zwei der liebsten Dinge des Mannes.

Wie man sexuelle Rollenspiele meistert

Schritt 1: Sprechen Sie mit Ihrer Partnerin über Ihre Fantasien, um Gemeinsamkeiten herauszufinden.

Schritt 2: Ist einer von Ihnen zurückhaltender als der andere, überschreiten Sie nicht die Grenzen dieser Person. Sparen Sie sich den Kerker für später auf.

Schritt 3: Wenn Sie Kinder haben, verlagern Sie das Rollenspiel an einen anderen Ort als Ihr Zuhause. So vermeiden Sie beunruhigende Fragen.

Schritt 4: Gehen Sie die Sache langsam an, und zwar in einem Spiel, in dem Sie sich beide wohlfühlen. Als Fremde, die sich in einer Hotelbar kennenlernen, zum Beispiel, wie gegenüber beschrieben.

Schritt 5: Spielen Sie mit Ihrer Beziehungsdynamik, indem Sie die devote und die dominante Rolle tauschen.

Schritt 6: Bringen Sie neuen Schwung in Ihr Schlafzimmer mit einer sinnlichen Massage, einer ungewohnten Sexstellung oder einer kleinen Peitsche.

Schritt 7: Vereinbaren Sie ein Codewort, mit dem jederzeit abgebrochen werden kann.

Schritt 8: Versichern Sie Ihrer Partnerin hinterher, dass Sie nur sie persönlich in einer Polizeiuniform sexy finden, nicht generell alle Polizistinnen.

S

WIE...

Sammeln und Anspitzen von Stöcken

Lassen Sie einen Mann mit einem Messer im Wald zurück, und es wird exakt 34 Sekunden dauern, bis er sich einen Stock sucht und anfängt, diesen geistesabwesend anzuspitzen. Obwohl daheim im Kühlschrank ein fertiges Moussaka auf ihn wartet, bereitet ihn sein urzeitliches Unterbewusstsein auf Eichhörnchen am Spieß zum Abendessen vor.

Sich im Schuppen verstecken

Versteckt sich ein Mann in seinem Schuppen oder der Garage, so hofft er, dass seine Lieben denken, er sei mit etwas Nützlichem beschäftigt. Immerhin befinden sich dort viele seiner Werkzeuge. Wahrscheinlicher ist jedoch, dass er einem leicht peinlichen Hobby frönt – dem Bemalen von Modelleisenbahnen, Flugzeugen oder Soldaten vielleicht – oder einfach nur in einem abgenutzten Stuhl sitzt und sich durch den Baumarktkatalog arbeitet.
Er weiß, dort wird er nicht gestört werden, denn niemand ist dumm genug, seine Freizeit an einem Ort zu vertrödeln, an dem die Asseln zu Hause sind und es heftig zieht.

Spinnen fangen

Wenn ein geliebter Mensch aufschreit, so besteht der natürliche Instinkt des Mannes darin, sitzen zu bleiben und weiter fernzuschauen. In neun von zehn Fällen jedoch wird sein Pflichtgefühl diesen Trieb übersteigen, und er setzt sich in Bewegung.

Erreicht er das Badezimmer und findet dort eine am Abflussloch hockende Spinne vor, so lautet seine Rückmeldung: »Keine Bange, die hat viel mehr Angst vor dir, also du Angst vor ihr hast!« Keineswegs wird er erwähnen, dass er sich selbst vor Angst beinahe in die Hosen macht.

Sodann wird er die Spinne fangen und sie draußen in sicherer Umgebung wieder freilassen. Da diese ungewohnte Umgebung sie verwirrt, wird sie dort vergeblich nach einer Fußleiste suchen, hinter der sie schlafen kann, bevor sie von einem Igel aufgefressen wird. Ihr Erretter hingegen wird meinen, er habe etwas für seinen Ruf als furchtloses und dennoch menschliches Haushaltsmitglied getan, das einen wunderbaren Kämpfer gegen Armut und Ungerechtigkeit abgegeben hätte, wäre der Job in der Buchhaltung nicht eine solche Versuchung gewesen.

Wie man eine Spinne fängt

Schritt 1: Bewahren Sie Ruhe. Deutsche Spinnen sind nicht tödlich. Sollten Sie das Pech haben, doch eine tödliche anzutreffen, so sterben Sie wenigstens in der Gewissheit, eine neue Spezies entdeckt zu haben.

Schritt 2: Suchen Sie ein durchsichtiges Behältnis, das groß genug ist, um die Spinne zu fangen. Denken Sie daran: Eine Spinne wird jeden schlecht ausgerüsteten Mann überlisten.

Schritt 3: Suchen Sie sich ein Stück festen Karton, der größer ist als die Öffnung und den Sie untendrunter schieben können.

Schritt 4: Warten Sie, bis die Spinne sich auf einer glatten Oberfläche niederlässt.

Schritt 5: Nähern Sie sich langsam an und stülpen Sie das Behältnis sanft über die Spinne. Wenn Sie dabei zu hastig vorgehen, könnten Sie aus Versehen eins der Spinnenbeine amputieren.

Schritt 6: Schieben Sie den Karton unter das Behältnis.

Schritt 7: Werfen Sie die Spinne nicht einfach aus dem nächsten Fenster, wenn Sie sich nicht im Erdgeschoss befinden. Spinnen können nicht fliegen.

Schritt 8: Gehen Sie mit dem Behältnis ruhig nach unten und zur Hintertür hinaus, bis Sie beim nächsten Gebüsch gelandet sind. Dort setzen Sie die Spinne aus.

Schritt 9: Gehen Sie schnell wieder nach drinnen. Stellen Sie sicher, dass sie Ihnen nicht gefolgt ist oder sich in Ihrem Hosenaufschlag versteckt hat.

Spitznamen erfinden

Eltern machen sich unendlich viel Mühe, was die Namensgebung ihrer Kinder anbelangt, daher ist es jammerschade, dass der Name eines Jungens bei Eintritt in die weiterführende Schule überflüssig wird. Dort wird er sofort dekonstruiert zu etwas, das man leicht über ein Spielfeld grölen kann, während man gleichzeitig Kaugummi kaut, raucht und knutscht. Sobald sich ein Spitzname in einer Clique etabliert hat, lässt er sich nie wieder abschütteln und folgt seinem Besitzer bis ins Grab. Trifft ein Mann auf einen alten Schulkameraden, der Gerüchten zufolge während seiner Biologieprüfung einen Ständer bekam, so wird er ihn aus diesem Grund weiterhin »Ständer« nennen, selbst wenn die beiden gegnerische Anwälte in einem juristischen Fall von großem öffentlichen Interesse sind.

»**Wenn Ideen fehlschlagen,
erfinden Männer Worte.**«

Martin Henry Fischer

Spötteleien

Das Spötteln ist weit verbreitet unter männlichen Teenagern, Fußballkommentatoren und Männern auf Junggesellenabschieden. Es handelt sich dabei um den wechselseitigen Austausch von geistlosen Bemerkungen. Die besten Spötter sind diejenigen, die sich den am wenigsten intelligenten Ausspruch innerhalb der kürzesten Zeit ausdenken können.

Der Spötter beschreibt für gewöhnlich jedes Anzeichen von Schwäche – die Unfähigkeit, einen gesamten Tag mit dem Konsumieren von Sambuca und Pommes zu verbringen – als »schwul« und insinuiert regelmäßig, dass er mit den Müttern seiner Freunde geschlafen hat. Dies ist besonders irritierend, wenn er tatsächlich mit Ihrer Mutter geschlafen hat.

Steinehüpfen

Spazieren Sie an einem Kiesstrand entlang, und Sie werden neben den Quallenleichen und dem deplatzierten Strandgut wahrscheinlich auch einen Mann entdecken, der Steine hüpfen lässt.

Er mag allein dort stehen, tief versunken in den Versuch, wieder die 23 zu machen, wie damals auf Borkum. Er mag mit Freunden dort stehen und sie davon zu überzeugen versuchen, dass er einst die 23 machte, damals auf Borkum. Oder er mag in Begleitung von Kindern sein, die verzückt sind von seiner Listigkeit, Steine übers Wasser hopsen zu lassen.

Jene Kinder werden versuchen, es ihm gleichzutun. Sie werden ungeeignet große Steine suchen und sie direkt in die Wellen schleudern, wieder und wieder, verblüfft von seiner unerhörten Hexerei. Einige von ihnen werden das Interesse daran verlieren, andere werden weitermachen mit dem Suchen und Werfen, Suchen und Werfen – so lange, bis sie das Geheimnis gelüftet haben. Und ein neuer Steinehüpfer geboren wurde.

Dabei handelt es sich für gewöhnlich um Jungen, denn im Allgemeinen sind Jungen eher gewillt, Zeit in das Meistern von Fähigkeiten zu stecken, die allein dem Beweis ihrer körperlichen Überlegenheit dienen. Das Steinehüpfen eignet sich hierfür besonders gut. Es lässt sich leicht bemessen, man muss nur die Hüpfer zählen und das Ergebnis aufrunden (macht jeder andere auch). Dadurch lässt sich wiederum eine improvisierte Ligatabelle unter einer Gruppe Männer erstellen und der am wenigsten Fähige mit niederschmetternden Spötteleien überziehen.

(Siehe auch: Spötteleien, S. 193)

Wie man Steine hüpfen lässt

Schritt 1: Wählen Sie Ihren Stein sorgfältig aus. Er sollte dünn, flach und leicht sein – zwischen 100 und 200 Gramm – und nicht größer als Ihre Handfläche.

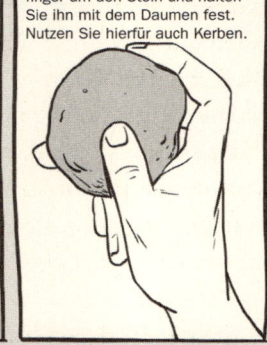

Schritt 2: Legen Sie den Zeigefinger um den Stein und halten Sie ihn mit dem Daumen fest. Nutzen Sie hierfür auch Kerben.

Schritt 3: Stellen Sie sich seitlich zum Wasser, die Beine weit genug auseinander, dass Sie einen guten Stand zum Werfen haben. Tragen Sie Turnschuhe oder Stiefel, aber niemals Badelatschen.

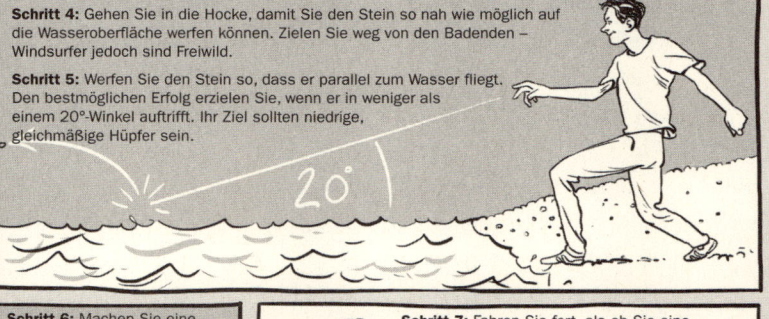

Schritt 4: Gehen Sie in die Hocke, damit Sie den Stein so nah wie möglich auf die Wasseroberfläche werfen können. Zielen Sie weg von den Badenden – Windsurfer jedoch sind Freiwild.

Schritt 5: Werfen Sie den Stein so, dass er parallel zum Wasser fliegt. Den bestmöglichen Erfolg erzielen Sie, wenn er in weniger als einem 20°-Winkel auftrifft. Ihr Ziel sollten niedrige, gleichmäßige Hüpfer sein.

Schritt 6: Machen Sie eine Peitschbewegung mit dem Unterarm, knicken Sie das Handgelenk schnell ab, um Kraft zu erzeugen, während Sie dem Stein mit dem Zeigefinger möglichst viel Drall verleihen.

Schritt 7: Fahren Sie fort, als ob Sie eine Vorhand im Tennis spielen würden.

Schritt 8: Beim Steinehüpfen können Sie noch eins draufsetzen, indem Sie in den Wurf hineintreten. Dies wird ihm noch mehr Kraft verleihen, noch mehr Hüpfer einbringen und Neulinge beeindrucken.

Stille

Freundschaften unter Männern basieren nicht auf der Fähigkeit, stundenlang mühelos zu quatschen. Sie basieren auf der Fähigkeit, sich behaglich anzuschweigen. Die besten Freunde eines Mannes sind die, mit denen er nicht reden muss, weshalb sein bester Freund oftmals ein Hund ist – es ist beinahe unmöglich, sich mit Tieren unangenehm anzuschweigen.

Ein gewisser Sicherheitsabstand ist essenziell, wenn man sich im behaglichen Anschweigen versucht. Nur Liebende und Fremde in vollgepackten U-Bahnen sind in der Lage, Knie an Knie dazusitzen, ohne in Angstschweiß auszubrechen.

»Selig sei der Mann, der nichts
zu sagen hat und davon absieht,
diese Tatsache durch Worte
zu beweisen.«

George Eliot

Strapaziöse Familienurlaube

Hin und wieder meint ein Vater, er müsse Forschergeist und Abenteuerlust in seinen Kindern wecken, indem er den Familienurlaub nach Spanien annulliert und eine Wandertour auf die Schwäbische Alb bucht, welche Tagesausflüge ins Römische Freilichtmuseum sowie das Museum Oberes Donautal beinhaltet. Trotz der Tatsache, dass jedes Familienmitglied – einschließlich ihm selbst – viel lieber zwei Wochen am Pool oder – wenn man nicht zu lange laufen muss – am Strand herumlungern würde.

Ein Fehler, den er höchstwahrscheinlich nur einmal machen wird: Es wird unablässig regnen, spätestens an Tag 3 wird sein Jüngster Blasen, so groß wie der Itzelberger See, haben, während die Älteste zu beschäftigt mit dem Simsen ihrer Freundinnen und dem Nachsinnen über die lang ersehnte Scheidung ihrer Eltern ist, um die Aussicht zu bewundern, wenn die Wolken sich endlich verzogen haben. Selbstverständlich gibt es irgendwo da draußen Kinder, die sich gerne in kulturelle Unternehmungen mit ihren Mamas und Papas stürzen. Doch es sind stets die Kinder der anderen.

Streiten mit leblosen Gegenständen

Läuft ein Mann in eine Tischecke hinein oder hat mit dem Öffnen einer vollgestopften Besteckschublade zu kämpfen, so besteht sein natürlicher Instinkt darin, die Schuld wütend anderen zuzuweisen. Wenn die Fragen »Wer hat das hier liegenlassen?« und »Wer legt andauernd das Salatbesteck hier rein?« mit »Er« und »Er« zu beantworten sind, so wird er entweder seinen Anteil an der Misere eingestehen (unwahrscheinlich) oder das betreffende Objekt obszön beschimpfen.

Ähnlich verhält es sich, wenn ein Mann seinen Autoschlüssel oder seine Geldbörse nicht finden kann. Dann wird er Arbeitsflächen, Schränke und die Schüssel, in die er sie normalerweise legt, so lange anknurren, bis er sich daran erinnert, wo er sie tatsächlich hingelegt hat.

(Siehe auch: Technik anbrüllen, S. 202)

Stretching

Steht ein Mann auf einem Bein und presst die Ferse des anderen mit der Hand gegen die Pobacke, oder drückt er mit einem schräg nach hinten ausgestreckten Bein beidhändig gegen eine Wand, so steckt er mitten in einem schweren Kampf gegen seinen körperlichen Verfall, auch bekannt als Stretching.

Sport treibende Männer über dreißig befinden sich in einem permanenten Zustand leichten Schmerzes, da ihre verknöcherten Sehnen und Muskeln beim kleinsten Hauch von Ertüchtigung gereizt werden. Sobald eine Ferse anschwillt oder ein hinterer Oberschenkel spannt, humpeln sie ins Internet, auf der Suche nach Antworten. Und die Antwort besteht unweigerlich aus einer komplizierten Reihe yogischer Manöver, die fünfmal täglich ausgeführt werden müssen.

Kaum hat man einen Körperteil in die volle Funktionstüchtigkeit zurückgestretcht, gerät deprimierenderweise ein anderer aus den Fugen. Diesen Kampf wird er niemals gewinnen können.

T
WIE …

Technik anbrüllen

Smartphones, Tablets und Selbstbedienungsgeräte sollen einem das Leben erleichtern. Und doch sehnen sich Männer, die schon vor der digitalen Revolution Zug gefahren sind, nach der Zeit zurück, als sie eine Fahrkarte bei einem echten, sprechenden Menschen kaufen konnten. Wenn sie nicht gerade 17 Stunden lang anstehen möchten, müssen sie nämlich stattdessen an einem Touchscreen herumstochern, der nicht reagiert, während die Pendlerschlange hinter ihnen – nicht selten laut – darüber grübelt, wie sich einer beim Knöpfedrücken nur so anstellen kann.

Bei Ikea kann man dieselben Männer oft dabei beobachten, wie sie unfähig vor einer Selbstbedienungskasse stehen und sich wundern, warum der Automat so viele seiner eigenen Waren nicht erkennt.

Die Standardeinstellung des Mannes ist nicht auf solchen technologischen Fortschritt geeicht – seine Reaktion auf einen defekten Apparat bestand bisher darin, ihn energischer zu bedienen, genau das Gegenteil also von dem, was in unserer schönen neuen Welt gefragt ist. Wieder und wieder auf »Bestätigen« zu drücken – egal wie fest –, macht den erstarrten Bildschirm wenig besser. Ebenso wenig lässt es sich beweisen, dass das Brüllen von »JETZT MACH SCHON, DU ELENDES STÜCK SCHEISSE!« von Erfolg gekrönt ist.

Wobei das Warten auf ein Lebenszeichen des Computers weniger schmerzhaft als der Umgang mit automatisierten Telefonansagen ist:

»Nennen Sie mir bitte Ziel- und Ankunftsort der gewünschten Reise.«

»Neu-Ulm nach Berlin Zoo.«

»Meinten Sie Bremerhaven nach Regensburg?«

»NEIN! DU BESCHEUERTER COMPUTERGENERIERTER DRECKSWICHSER!«

»Verzeihung, ich habe Sie nicht verstanden. Meinten Sie Aachen nach Westerland?«

Wie man mit sozialen Medien umgeht

Schritt 1: Aktualisieren Sie Ihren Status mit neuen Fotos von Kindern, idealerweise der Ihren, und wie sie sich erbaulichen Aktivitäten widmen. Versehen Sie diese mit Kommentaren wie: »Schöner Tagesausflug mit meinem kleinen Reiter! Er wird jeden Tag süßer!«

Schritt 2: Wenn Sie keine Kinder haben, laden Sie Bilder von exotischen Reisen, mondänen Partys oder Speisen, die Sie gleich zu sich nehmen werden, hoch. Teilen Sie weiterhin Video-Links und BuzzFeed-Artikel mit lustigen Tierchen.

Schritt 3: Wenden Sie einen Instagram-Filter auf sämtliche Ihrer Fotos an – auf Mayfair ist Verlass in Sachen Schmeichelhaftigkeit.

Schritt 4: Melden Sie sich bei Twitter an und schreiben Sie eine satirische Bemerkung über die aktuellen Nachrichten oder einen aufrührerischen politischen Kommentar. Setzen Sie einen Hashtag – zum Beispiel #GEZ für Gebühreneinzugszentrale –, damit auch diejenigen Interessierten ihn finden, die nicht unter Ihren Followern sind.

Schritt 5: Seien Sie auf Twitter sparsam mit Berichten über Ihre Kinder. Müssen Sie sie dennoch erwähnen, stellen Sie dabei unbedingt klar, dass sie Ihr Leben zur Hölle machen: »Die Kids benehmen sich gerade wie die Tiere. Überlege mir, sie gleich zum Schlachthof zu fahren.«

Schritt 6: Gratulieren Sie Ihrer LinkedIn-Connection zum einjährigen Job-Jubiläum. Aktualisieren Sie Ihr Profil regelmäßig – irgendeine wichtige Person könnte es vielleicht eines Tages anschauen.

Schritt 7: Machen Sie sich Folgendes klar: Sobald Sie von einem sozialen Netzwerk gehört haben, werden Ihre Kids es längst nicht mehr benutzen.

»**Die Maschine isoliert den Mann nicht von den großen Problemen der Natur, sie stürzt ihn noch tiefer hinein.**«

Antoine de Saint-Exupéry

Trinken am Flughafen

Es gibt nur einen Ort, an dem man sich einen halben Liter Bier zum Frühstück genehmigen kann, ohne gleich als Alkoholiker zu gelten, und das ist der Flughafen.

Die üblichen Regeln sind außer Kraft gesetzt, sobald man die Abflughalle erreicht hat. Die Zeit verliert ihre Bedeutung – selbst wenn man gerade erst aufgewacht ist, könnte es am Bestimmungsort schließlich bereits Zeit für die Kneipe sein.

Trinkspiele

Trinkspiele beruhen auf einer gefährlichen Mischung der zwei größten Schwächen des Mannes: Stolz und Alkohol. Eine schöne Erfahrung sind sie nur für wenige, doch ein junger, beeinflussbarer Mann wird sich genötigt sehen, mitzumachen. Denn ein Ausschlagen der Gelegenheit, sich derart zu alkoholisieren, dass er sich das erste Mal seit der Grundschule wieder einnässt, würde Schande über ihn bringen.

Sobald eine Person eingewilligt hat, findet ein Domino-Effekt statt, und mit jedem umstürzenden Mann wächst der Druck auf den Nächsten, sich ins Gefecht zu stürzen. Am weitesten verbreitet ist dies zu Semesterbeginn in Universitätsstädten, denn neue Studenten würden überall anheuern, sogar bei Zirkusgruppen.

Neben der Gefahr eines Krankenhausaufenthalts besteht das Problem von Trinkspielen darin, dass es kein klares Endergebnis gibt – was die Bezeichnung »Spiel« infrage stellt. Je mehr jemand zum Trinken gezwungen wird, desto wahrscheinlicher ist es, dass er verlieren wird und noch mehr trinken muss. Wenn allerdings alle anderen Teilnehmer dafür zahlen, dass er betrunken wird – wer ist dann eigentlich der Verlierer?

> **»Es scheint wohl wahr zu sein, dass die zweite Hälfte des menschlichen Lebens sich gewöhnlich nur aus Gewohnheiten zusammensetzt, die man in der ersten Hälfte erworben hat.«**
>
> Fjodor Dostojewski

Turnschuhe mit kurzen Hosen kombinieren

In Deutschland ist es nur an drei Tagen im Jahr warm genug, um barfuß herumzulaufen. Deshalb wachsen Jungen mit vernünftigen Schuhen auf, mit bequemen Turnschuhen und Gummistiefeln. Stets in Begleitung von Socken, versteht sich. Erst wenn sie das Erwachsenenalter erreichen und ein Jahr im Ausland mit exotischen, in Flip-Flops dahergleitenden Menschen verbringen, überdenken sie die Beziehung zu ihren Füßen neu.

Im Gegensatz zum australischen Körper, dem die Zehentreter mittlerweile angewachsen zu sein scheinen, sieht der deutsche Mann in ihnen leider einen Schuh, bei dem die besten Teile fehlen – Schnürsenkel, Schuhkappe, der leichte Duft von Feuchtigkeit etc. Noch dazu ein Schuh, der sich mittels eines einzigen Plastikstrangs an seinen Fuß heftet, den er lächerlicherweise zwischen seinen Zehen halten muss.

Alles schön und gut, solange man nur vom Pool zur Pooltoilette schlurfen muss. Längere Fußmärsche werden jedoch zur zehenkrallenden, wadenkrampfenden Tortur. Ein deutscher Mann bevorzugt den demütigenden Anblick in kurzen Hosen und Turnschuhen mit Socken und suggeriert damit entweder – wenn die Hosen sehr kurz sind –, dass er gleich einen Marathon läuft oder auf einen Berg steigt, oder – wenn die Hosen länger sind –, dass er die Unterschenkel von einem Zwerg geborgt hat.

> **»Große Männer sind selten in ihrem Anzuge sehr bedenklich.«**
>
> Charles Dickens

U

wie ...

Übermäßiger Gebrauch von Würzmitteln

Kein Gericht, das nicht noch schmackhafter gemacht werden kann mithilfe einer der halb leeren scharfen Soßen, Chutneys und Senfzubereitungen, die mindestens drei Regale im Kühlschrank des Durchschnittmannes einnehmen.

Überschätzen der eigenen Heimwerkerfähigkeiten

Es gibt drei Sorten von Heimwerkern:

1) Der Pessimist: Er wirft einen einzigen Blick auf eine Aufgabe, die praktisches Wissen voraussetzt, und geht sofort davon aus, dass er nicht die richtigen Werkzeuge besitzt. Es kostet ihn Tage, wenn nicht Monate, um die Aufgabe zu beenden. Bittet man ihn, ein Bild aufzuhängen, reagiert er, als ob man ihn zu 350 Stunden Sozialdienst verurteilt hätte.

2) Der Meister: Er besitzt sämtliche wichtigen Werkzeuge und weiß, was er zu kaufen hat, falls ihm doch eins fehlt. Er hat sich seine Kompetenz über jahrelange geduldige Praxis hinweg angeeignet. Dies ist die seltenste Art Heimwerker.

3) Der Optimist: Er besitzt keins der wichtigen Werkzeuge, geht jedoch davon aus, dass er die Aufgabe trotzdem bewältigen kann. Sein Lieblingssatz, den er oftmals mit Hammer in der Hand und einem Boiler gegenüberstehend von sich gibt: »Wird schon schiefgehn.«

Der Optimist ist die gefährlichste Sorte Handwerker und verantwortlich für beinahe alle Feiertags-Bereitschaftsdienste von Klempnern. Mit Stützmauern und der Lage von elektrischen Leitungen geht er nonchalant um, und er wird mit Sicherheit die Zeit unterschätzen, die er für das Fliesen des Badezimmers benötigt. Sämtliche Fähigkeiten, die man ihm nicht beigebracht hat, werden – davon ist er überzeugt – aufgrund seines enormen praktischen Verstands mitten in der Arbeit aus dem Nichts auftauchen.

Wie man ein Wandregal anbringt

Schritt 1: Vermeiden Sie die Wandbereiche, die vertikal oder horizontal zu einer Steckdose oder einem Lichtschalter verlaufen. Damit verringern Sie die Chance, dass Sie eine Elektroleitung durchbohren. Falls in der Nähe Rohre verlaufen könnten, sollten Sie gegebenenfalls einen Strom- oder Rohrdetektor ins Spiel bringen.

Schritt 2: Möchten Sie das Regal an einer Trockenbauwand befestigen, lokalisieren Sie die Holzstützen, indem Sie die Gipskarton-Oberfläche abklopfen (siehe auch: Wände abklopfen, S. 236) oder einen

Balkendetektor verwenden. Befestigen Sie die Winkel an den Stützen, damit das Regal nicht nur ein kurzes Leben hat.

Schritt 3: Markieren Sie die Stelle, an der Regal und Winkel hängen sollen, mit einem Bleistift. Verwenden Sie eine Wasserwaage, damit die Linie zwischen den beiden Winkeln kein Steilhang wird.

Schritt 4: Halten Sie den einen Winkel an die Wand, kontrollieren Sie, dass er vertikal ist, und markieren Sie die Befestigungslöcher. Tun Sie dasselbe mit Winkel Nr. 2.

Schritt 5: Bohren Sie die Löcher für die Winkel. Wenn Sie in Mauerwerk bohren, benötigen Sie einen Steinbohrer und verwenden die Hammer-Einstellung Ihrer Bohrmaschine. Außerdem benötigen Sie natürlich noch die passenden Dübel für Ihre Schrauben.

Schritt 6: Schrauben Sie die Winkel an. Der längste Arm des Winkels sollte jeweils flach an der Wand aufliegen.

Schritt 7: Legen Sie das Regal auf die Winkel, und kennzeichnen Sie, wo sich die Befestigungslöcher befinden. Entfernen Sie das Regal wieder und bohren Sie die Löcher an den gekennzeichneten Stellen vor.

Schritt 8: Legen Sie es zurück auf die Winkel und befestigen Sie es darauf mit Schrauben, die kürzer sind als die Stärke des Regals. Sagen Sie den Kindern, sie sollen Abstand halten, wenn Sie Ihr Regal bestücken. Falls es zusammenkracht.

Unangebrachte Witze

In angespannten, emotional aufgeladenen Situationen fühlt ein Mann sich selten wohl. Zum Glück hat er einen ganzen Katalog großartiger Witze in der Hinterhand. Dadurch hebt er die Stimmung und verringert die Chance, dass er sich an einer schwierigen Unterhaltung beteiligen muss, die womöglich in Tränen endet. Hier einige Beispiele:

1) Keine Angst, auch andere Mütter haben schöne Söhne, und manche davon haben einen vernünftigen Haarschnitt und beste Karrierechancen.

2) Es könnte noch viel schlimmer sein: Stell dir vor, dein Flug wäre um zwei Tage verschoben worden und der Flughafen hätte nicht diesen bequemen deutschen Boden als Schlafunterlage!

3) Sieht total natürlich aus, ehrlich. Habt ihr die Bräunungsspray-Pistole oder die Bräunungsspray-MG benutzt?

Unbeholfenheit beim Wangenkuss

Die selbstsichersten Männer werden vom Zweifel gepackt, wenn das Wangenküssen um sie herum aufkommt. Es wirft viele beunruhigende Fragen auf, etwa: Woher wissen Frauen mit solch instinktiver Leichtigkeit, wann sie sich in einer Einzelkuss-Situation befinden und wann sie sich unter keinen Umständen nach einem zweiten recken sollten? Wie schaffen sie es, ihren Kopf nicht so zu neigen, als ob sich ein Knutscher anbahnt? Und wo zum Teufel war ich, als sie einem das in der Schule beigebracht haben?

Sobald Mann denkt, er hat's kapiert, stürzt man ihn in eine Welt aus Chaos, Tumult und Verwirrung, wenn man ihm Folgendes ins Ohr flüstert: »Wusstest du schon, dass man sich in Belgien drei Mal küsst?« (Siehe auch: Dicke Umarmungen, S. 46)

Unfähigkeit, Fehler einzugestehen

Männer machen keine Fehler. Höhere Gewalten zwingen sie zu Handlungen, die sie ansonsten nicht begangen hätten. Alles, was in den Händen eines Mannes kaputtgeht, ist »schlecht entworfen worden«, und »wenn du nicht gewollt hättest, dass ich die Kabel von der Rasierersteckdose anbohre, hättest du keinen Badezimmerspiegel von mir verlangen dürfen«.

Der Ort, an dem Männer die wenigsten Fehler begehen, ist das Auto. Sie haben immer recht, wenn es um die Route geht, stehen bei Gewalt im Straßenverkehr (siehe Verkehrsrowdytum, Seite 224) immer auf der richtigen Seite und finden nur dann schwer in eine Lücke, wenn alle anderen mies eingeparkt haben.

Unterhosen mit Eingriff horten

Grundsätzlich ist eine Unterhose mit Eingriff nicht verkehrt. Sie bietet mehr Halt als eine Boxershorts und engt weniger ein als der klassische Schlüpfer. Ganz zu schweigen davon, dass die Mehrheit der erfolgreichsten Silicon-Valley-Unternehmen von Leuten gegründet wurde, die mit nichts als einem Slip mit Eingriff am Leib an einem Computer herumfummelten. In vielerlei Hinsicht sind das also die perfekten Unterhosen.

Es ist jedoch sehr wohl verkehrt, solche Unterhosen über ein Jahrzehnt im hintersten Teil der Schublade verschimmeln zu lassen. Einst blütenweiß und makellos, sind sie mit den Jahren grau und verbittert geworden, während neuere und strahlendere Unterwäsche ihren Platz eingenommen hat. Doch sie rächen sich an allen Männern dieser Erde, indem sie sich jedes Mal in der Schublade ganz nach vorne befördern, wenn eine Liebschaft hineinfasst und sich ein paar bequeme Boxershorts borgen möchte.

Und dennoch wird er sich nicht von ihnen trennen ... nur für den Fall, dass er eines Morgens aufwacht und sämtliche anderen Unterhosen das Land verlassen haben.

V
WIE…

Verkehrsrowdytum

Die Straßenverkehrsordnung ist in den meisten Angelegenheiten ziemlich eindeutig: Man darf nicht die Geschwindigkeit überschreiten; an einer roten Ampel muss man halten; man darf nicht auf dem Standstreifen fahren, es sei denn, es handelt sich um einen Notfall, und so weiter.

Theoretisch macht dies die Straßen des Landes unkompliziert und überschaubar. Jeder hält sich an die Regeln und versteht sich wunderbar – genau wie in Nordkorea. Bedauerlicherweise wird ein Mann, der mit der Sicherheit von Regeln bewaffnet ist – die auf ihn selbstredend weniger streng anzuwenden sind als auf alle anderen –, zu einem gefährlichen Biest. Besonders dann, wenn er sich im sicheren Kokon einer Metallbox mit hoher Drehzahl befindet und vom Rest der Welt abgeschirmt ist. Dabei ist es wenig hilfreich, dass auf DMAX ausgestrahlte Autoshows wie *Top Gear* den Eindruck vermitteln, dass das Fahren wie die wilde Wutz ein Geburtsrecht jeden Mannes ist. Im Idealfall in einem Paar Jeans, das in der Leistengegend unanständig eng aufträgt.

Der Glaube, dass das Recht auf seiner Seite ist, gestattet ihm das Pöbeln über einen »Wichser«, sobald sich jemand auf den mittleren Fahrstreifen wagt und weniger als 150 Sachen draufhat; das Zusammenschlagen der Hände über dem Kopf in tiefster, tiefster Verzweiflung, wenn das Auto vor ihm nicht ganz so zackig an der Kreuzung abbiegt; das Ausstoßen von Todesflüchen, wenn ein Fahrer sich erdreistet, in der 30er-Zone 30 zu fahren. Und zwar keine solchen Flüche, die einen friedlichen Tod durch Einschlummern vorsehen.

Natürlich hat kein Mann die Straßenverkehrsordnung nach seiner Prüfung jemals wieder angefasst. Sie schalten und walten also nach einer uneinheitlichen Reihe von Regeln: denen, an die sie sich erinnern können, und denen, die sie nicht für dämlich halten. Aus diesem Grund können Männer, die lediglich eine Autotür voneinander getrennt sind, ein und dieselbe Verkehrssituation völlig unterschiedlich bewerten und sich furchtbar darüber aufregen.

> »**Männer sind wie Stahl.
> Wenn sie ihre Härte verlieren,
> verlieren sie ihren Wert.**«
>
> Chuck Norris

Vermeiden von komplizierten Gefühlsdiskussionen

Auf die Frage, wie es ihm geht, wird ein Mann stets antworten: »Ganz okay.« Auf die Ankündigung, dass Sie mal mit ihm reden müssen, wird er dagegen sofort nach Fluchtmöglichkeiten suchen.

Gefühlsdiskussionen sind oft der Anfang von Veränderungen. Sobald eine Beziehung aufgebaut worden ist, lassen sich Männer in ihre geordneten Alltagsroutinen fallen (siehe auch: Beziehungsfaulheit, Seite 34). Hiermit fühlen sie sich wohl, und sie planen auch keine großen Veränderungen bis ins Rentenalter, wo sie den Teil mit dem Beruf einfach durch Bridge-Unterricht und Ausflüge ins Bäckerei-Café ersetzen.

Sagt die Partnerin eines Mannes allerdings: »Ich verlasse dich, wenn du dir nicht endlich ein bisschen Mühe gibst«, so ist dies ein Zeichen dafür, dass er seine Gewohnheiten vielleicht noch vor dem Rentenalter ein klein wenig justieren sollte. Leider ist dies für Gewohnheitstiere ein doch recht besorgniserregender Gedanke.

Vernarrtheit in Hindernisläufe

Manchen Männern reicht es nicht, von A nach B zu gelangen, ohne über einen Stein zu stolpern oder Kaffee auf die Hosen zu verschütten. Sie müssen beweisen, dass sie auch von A nach B gelangen können, wenn sie durch einen Unterwassertunnel kriechen, über Mauern klettern, durch Schlamm waten und über glühende Kohlen rennen und dabei teils noch lächerlich unpraktische Kostüme tragen.

Verschwitzte Kleidung überall liegenlassen

Tritt ein stark schwitzender Mann durch seine Wohnungstür – meist nach einer heftigen Sportsession oder einem besonders schwülen Weg zur Arbeit –, wird er sich sofort die Kleider vom Leib reißen. Dies geschieht in der festen Absicht, sie in den Wäschekorb zu legen, sobald er sich ein wenig abgekühlt und geduscht hat. Betrüblicherweise ist ihm nach der Abkühlung und der Dusche nicht wirklich danach, sie aufzuheben, zumindest nicht, bevor er sich ein Weilchen hingesetzt und ein Bierchen getrunken hat.

Statt eine Spur aus Kleidern zu hinterlassen, würde er sie im Idealfall einfach gleich in die Waschmaschine stecken. In einer perfekten Welt würde er sodann weitere schmutzige Wäsche derselben Farbe dazutun, bis sie eine volle Ladung ausmacht, und die Waschmaschine daraufhin anstellen.

In der Realität wird er seine feuchte Squash-Ausrüstung in den Wäschekorb stopfen, »erledigt« denken und ein paar Tage lang verwesen lassen, bis eine arme Seele – nicht er, versteht sich – hineingreift und ein Stück bestialisch stinkender Socke erwischt.

Verschwörungstheorien

Niemand verficht seine Sache so glühend wie ein Verschwörungstheoretiker. Männer sind besonders anfällig für Verschwörungstheorien, weil sie das Überlegenheitsgefühl genießen, mehr zu wissen als alle anderen. Und weil die Kompliziertheit der echten Welt einfach ein wenig zu kompliziert ist für sie. Einen Verschwörungstheoretiker kann man entlarven, indem man Bemerkungen wie diese fallen lässt: »Wenn Prinzessin Diana bei einem furchtbaren Autounfall sterben kann, dann kann das auch allen anderen passieren.« Er wird sie verächtlich anschauen und antworten: »Vielleicht hat ja Prinz Philip ihren Tod eingefädelt, damit sie nicht verrät, dass er in Wahrheit der König der Schnabeltiere ist. Eine geheime Spezies, die nicht nur das einzige von zwei eierlegenden Säugetierarten ist, sondern zudem das globale Finanzsystem kontrolliert.«

Gut möglich auch, dass er einen zu sich nach Hause einlädt, um sein gesammeltes Beweismaterial zu sichten, mit dem er die Wände seines selbstgebauten Luftschutzbunkers gepflastert hat.

Volltrunkenes spätabendliches Grölen

Wenige Männer sind immun gegen die Sogwirkung einer mitreißenden Hymne, insbesondere wenn diese um zwei Uhr morgens gespielt wird und sie eine Flasche Tequila intus haben. Überall im Land sparen sich die Clubs diese Lieder für das Ende der Nacht auf, wenn Männer unberechenbar zwischen dem Anzetteln eines Kampfs und dem Umarmen wildfremder Menschen schwanken.

Die Hymne veranlasst den Betroffenen, seine Freunde an den Schultern zu packen und eine bewegliche Reihe oder einen beweglichen Kreis jaulenden Menschseins zu bilden, die oder der sich seinen Weg auf ärgerliche Art und Weise über die Tanzfläche bahnt. Während die Männer den Refrain zu »The Final Countdown« grölen und ihre Kumpels dabei mit einem Spuckeregen überschütten, erleben diejenigen im Innern des Kreises einen kurzen transzendenten Moment der Brüderlichkeit. Diese verflüchtigt sich schnell wieder, sobald das Licht angeht und sie realisieren, dass alle Beteiligten voller Bier sind und Schwierigkeiten mit dem Aufstehen haben.

Das Singen kann nach dem Clubbesuch in Splittergruppen weitergehen: beim Besuch in Dönerläden, in der U-Bahn sowie in Hecken, die Stürze auf dem Nachhauseweg abfedern.

Volltrunkenes spätabendliches Philosophieren

Die unmelodischen Lieder des volltrunkenen spätabendlichen Singens sind dicht gefolgt von der volltrunkenen spätabendlichen Tiefgründigkeit. Gerade in den stillen Momenten nach einem Abend im Techno-Club, wo man gerade die rhythmische Darbietung eines Verkehrspolizisten mit mangelhafter Motorik zum Besten gegeben hat, fühlt ein Mann sich komplexen philosophischen und politischen Fragen am besten gewappnet. Sollte er in jenen Momenten versuchen, schwere Maschinen zu bedienen oder ein Auto zu fahren, würde er hingegen sofort verhaftet werden.

»**Ein intelligenter Mann ist manchmal gezwungen, sich zu betrinken, um Zeit mit seinen Narren zu verbringen.**«

Ernest Hemingway

W

WIE ...

Wände abklopfen

Die Fähigkeit, das Innenleben einer Wand nur durch Abklopfen mit den Knöcheln zu erkennen und die Klangfarbe des Klopfens in faktisches Wissen zu übersetzen, ist genau wie das Entlüften von Heizkörpern (siehe auch: Heizung entlüften, S. 103) relativ leicht erlernbar, stellt Uneingeweihte allerdings vor ein großes Rätsel.

Ob man es mit einer tragenden oder einer Trockenbauwand zu tun hat, ist von enormer Bedeutung. Man könnte beispielsweise aus Versehen das eigene Heim demolieren, weil man laienhaft renoviert oder versucht hat, einen Nagel in 300 Jahre altes, meterdickes Mauerwerk zu schlagen. Zudem gibt einem dieses Wissen immer etwas zu tun. Auf Partys in der Warteschlange vor dem Klo etwa sieht man Männer manchmal die Wand beklopfen. »Das ist eine Trockenbauwand. Hier haben sie bestimmt die Rohrleitungen durchgelegt«, denken sie dann.

Wie man etwas an einer Trockenbauwand befestigt

Schritt 1: Denken Sie daran, dass die Stützen etwa 5 cm breit sind und in Abständen von etwa 62,5 cm zueinander stehen. Das kann sich in sehr alten Häusern anders verhalten.

Schritt 2: Die Stützen lassen sich zum Beispiel anhand der Montagekästen für Steckdosen lokalisieren; diese werden gerne an Holzstützen befestigt. Nagelköpfe sind ebenfalls ein Zeichen dafür, dass genau dort eine Gipskartonwand an einer Holzstütze befestigt wurde.

Schritt 3: Alternativ können Sie von der Eckstütze ausgehen, wo Zimmerwand auf Zimmerwand trifft.

Schritt 4: Arbeiten Sie sich in Schritten von 62,5 cm – gemessen ab der Mitte Ihrer Referenzstütze – bis zur gewünschten Position des Gegenstandes vor.

Schritt 5: Klopfen Sie die Wand mit Ihren Knöcheln ab, um sicherzugehen, dass sich dort eine Holzstütze befindet. Ein tiefes Klopfgeräusch deutet darauf hin, dass dem so ist; ein hohles Echo darauf, dass sich hinter der Gipskartonwand nichts als Luft befindet.

Schritt 6: Bohren Sie ein kleines Loch. Denken Sie aber daran, dass Sie niemals in eine Stütze bohren dürfen, an der Steckdosen befestigt sind. Trifft Ihr Bohrer nach der Gipskartonwand auf festen Widerstand, haben Sie die Stütze getroffen.

Schritt 7: Wenn dem nicht so ist, führen Sie einen langen Nagel schräg in das Bohrloch ein, um die Kante der Holzstütze zu lokalisieren. Bohren Sie etwa 2 cm von der Kante entfernt ein weiteres Loch, um die Mitte der Stütze zu treffen.

Schritt 8: Spachteln Sie die überflüssigen Löcher zu und übermalen Sie sie. Hängen Sie den Gegenstand auf.

Weinkenntnisse

Die Beziehung eines Mannes zum Wein durchläuft mehrere unterschiedliche Phasen. Zu Beginn seiner Trinkerkarriere betrachtet er ihn als Gesöff des Mittelalters, das nichts in den Händen eines Teenagers verloren hat. Was würde es dort auch wollen, wenn es Getränke gibt, die wie Cola schmecken und einen betrunken machen?

Auf der Uni ist Bier sein Grundnahrungsmittel, doch er wird tief in die Tasche greifen für Rotwein, Kerzen und vielleicht auch eine Krawatte, um die Mädels in seiner WG zu beeindrucken. Sobald er

Mitte/Ende zwanzig ist, kauft er regelmäßig Wein ein, um ihn daheim zu trinken oder auf Partys mitzubringen. Hin und wieder trinkt er vielleicht sogar welchen in der Kneipe. Jedoch niemals glasweise. Das ist schlimmer, als ein kleines Glas Bier zu bestellen.

Er weiß, dass er zweifellos aufs mittlere Alter zugeht, wenn er seine Lieblingsrebsorte ausgemacht hat und mehr als acht Euro für eine Flasche ausgibt, weil er langsam den Geschmack über den Rausch stellt. Obwohl ein angenehmes Abgefülltsein natürlich nach wie vor auf seiner To-do-Liste zu finden ist.

Von dort entwickelt er sich rasch zur selbsternannten Autorität für Wein. In Restaurants besteht er auf dem Herumwirbeln und geräuschvollen Schlürfen und schüttelt missbilligend den Kopf, wenn jemand in seiner Begleitung einen kräftigen Cabernet Sauvignon mit zartem weißfleischigem Fisch kombiniert.

Wie man Wein und Essen kombiniert

Schritt 1: Wenn Zeit eine wesentliche Rolle spielt, schätzen Sie die Farbe Ihres geplanten Gerichts ab und nehmen einen Wein mit ähnlicher Farbschattierung. Wenn nicht, gehen Sie über zu Schritt 2.

Schritt 2: Wenn Sie nicht gerade Labskaus zubereiten, suchen Sie sich einen Wein aus, der aus der gleichen Region stammt wie Ihr Gericht. Wein wurde nämlich in erster Linie als Begleitung zum Essen der Region, in der er produziert wurde, hergestellt.

Schritt 3: Fülle und Volumen von Wein und Essen sollten in etwa gleich sein. Ein schlanker, frischer Weißer wie z. B. ein Muscadet ergänzt Salate und weißen Fisch hervorragend; ein etwas schwererer Malbec passt gut zu Steak und Hartkäse. Weine mit geringerem Alkoholgehalt sind leichter als ihre feuchtfröhlichen Brüder, überlegen Sie sich bei der Menü-Zusammenstellung also gut, wie betrunken Sie am Ende des letzten Gangs sein wollen.

Schritt 4: Berücksichtigen Sie die Zubereitung der Zutaten und die Beschaffenheit der sie begleitenden Soße. Ein Pinot Noir mit seinem mittleren Körper passt gut zur Würze eines Chicken Tikka Masala, wenn gerade kein helles Bier zur Hand ist, wohingegen ein Chenin Blanc eine feine Begleitung zu einem Risotto mit Hähnchen ist.

Schritt 5: Unterstreichen Sie die Aromen eines Gerichts, indem Sie diese in den Geschmacksnoten des Weins widerspiegeln. Schlürfen Sie einen traubigen Muscat zu fruchtigen Desserts, einen im Eichenfass gelagerten, buttrigen Chardonnay zu Sahnesoßen.

Schritt 6: Alternativ können Sie die Geschmacksnoten und -aromen kontrastieren, um den Genuss eines Gerichts zu erhöhen. Die Süße eines feinherben Weins gleicht beispielsweise ein feuriges Gericht aus, während ältere und komplexere Weine am besten mit einfachen Gerichten kombiniert werden.

Schritt 7: Beeindrucken/Verärgern Sie Ihre Freunde, indem Sie Ihre Weinauswahl während des Abendessens detailreich erörtern.

»Der Wein hat mehr Männer ertränkt als das Meer.«

Thomas Fuller

Wellenreiten

Einst reisten Männer an die Nordseeküste, um an der Imbissbude ein Krabbenbrötchen zu essen und dabei aufs Meer zu starren. Heute machen sie sich auf Parkplätzen mitten im Winter nackig, steigen in Neoprenanzüge, führen ernsthafte Gespräche über Brandungsrückströme und Dünung und kämpfen sich mit dem Surfbrett über windgepeitschte Strände.

Die Neugier, die einen Mann dazu brachte, während des Familienurlaubs auf Sylt eine Surfstunde zu buchen, entwickelt sich schnell zur Obsession. Fortschritte wollen sich zwar partout nicht einstellen, dennoch macht ihn die Schlichtheit des Lebens inmitten der Wellen einfach süchtig. Die Sorgen des Daseins in der modernen Welt treiben davon, es bleiben lediglich zwei klar umrissene Aufgaben übrig: 1. eine Welle erwischen und 2. dabei nicht sterben.

Wetten

Wenn Sie möchten, dass ein Mann sich erniedrigt, dann wetten Sie einfach, dass er etwas nicht kann. Nur der absolut aufgeklärteste Typ kann der Herausforderung seiner Fähigkeiten widerstehen – selbst wenn es darum geht, Schnitzel mit Pommes zu essen, während man gefährliche Gewässer im Lieblingsballkleid seiner verstorbenen Großmutter durchschwimmt.

Witze übertreiben

Hat ein Witz Sie einmal zum Lachen gebracht, neigt ein Mann dazu, ihn andauernd zu wiederholen, Tag für Tag für Tag, bis Sie ihm sagen: »ES IST NICHT MEHR WITZIG.«

Wortspiele

Männer, die regelmäßig auf Wortspielereien zurückgreifen, sind erpicht darauf, ihre Wortgewandtheit zu demonstrieren. Praktischerweise lenkt ein Wortwitz die Aufmerksamkeit so lange auf andere Dinge, bis ein Mann etwas wirklich Witziges oder Nützliches zur vorliegenden Sache zu sagen hat.

Twitter hat das Leben des wortwitzelnden Mannes revolutioniert. Es ermöglicht ihm, 24 Stunden am Tag um die Wette zu wortwitzeln, indem er sich an laufende Hashtags – wie #nervtötendesängerinnen oder #ätzendeschauspieler – dockt und sich Schmuckstücke ausdenkt wie: »Skinhead O'Connor« und »Leonardo das Cabrio«.

X

WIE …

Xenophilie

Es ist nichts dabei, fremde Kulturen zu schätzen, wirklich nicht. Doch ein Mann, der in den Spiegel schaut und einen kultivierten Mann von Welt darin erblickt, kann für gewöhnlich dem Drang nicht widerstehen, der Welt jene Weltmännischkeit auch zu beweisen. Ein Xenophiler wird aus dem Fernen Osten nicht einfach nur mit ein paar süßen Schnee-affenfotos heimkehren, er wird mit einem Kimono für jeden Tag der Woche heimkehren und darauf bestehen, sein Essen im Sitzen auf dem Boden einzunehmen. Sogar im Taco Loco.

Z

WIE …

Zappen

Geben Sie einem Mann eine Fernbedienung und einen Digitalfernseher, und er wird sich stundenlang zu amüsieren wissen. Männer leben in der ständigen Angst, dass irgendwo anders etwas Besseres passiert. Obwohl auf DMAX und Sport1 nie irgendetwas Besseres passiert. Das Leben ist zu kurz, um sich mit dem Lesen von Programmzeitschriften abzumühen, wenn man sich alle dreißig Minuten durch Hunderte TV-Sender zappen kann – stur die sich häufenden Hinweise ignorierend, dass die Abkürzung des Mannes stets der längste Weg ist.

Zäune überspringen

Richtig ausgeführt, stellt der Zaunsprung die eleganteste Art dar, ein Feld zu verlassen. Er ist ein beeindruckender Akt, eine Kombination aus Kraft und Koordination, die jeder Mann gerne zu seinem Rüstzeug zählen würde. Das Feld über einen Zauntritt zu verlassen, lädt hingegen zu den unterschiedlichsten tollpatschigen Irrungen der Gliedmaßen ein. Obwohl Letzteres immer noch besser ist als der bauchvernichtende Zusammenprall mit einem Schwinggatter, einer Vorrichtung, die ganz klar von einer Person erfunden worden sein muss, die noch nie in ihrem Leben einen Rucksack getragen hat. Oder etwas gegessen.

Irgendwann in seinem Leben wird ihn der Zaunsprung allerdings zum Narren machen, entweder
wenn er jung und vermessen ist oder wenn er alt ist
und eine Oberschenkelzerrung mit sich herumträgt.
Verfängt sich sein Hosenbein in einem Stacheldraht-
abschnitt oder bleibt sein Fuß an der obersten Latte
hängen, wird ihn der Schwung seines Oberkörpers
in einen erniedrigenden, Angst einflößenden Sturz-
flug mit dem Gesicht nach vorn zwingen.

Das schreckt ihn jedoch noch lange nicht ab. Obwohl es nur genau zwei Situationen gibt, in denen
er ein Feld mittels eines Zaunsprungs räumen muss:

1) Wenn er von einer Herde aufgebrachter Kühe umgeben ist.

2) Wenn er von einer Herde aufgebrachter Bauern umgeben ist und einer davon ein Gewehr in Händen hält.

Wie man eine Herde aufgebrachter Kühe bewältigt

Schritt 1: Halten Sie Ihren Hund an der Leine – auch wenn Kühe zehnmal so groß sind wie ein Hund, fühlen sie sich von einem nicht angeleinten Exemplar bedroht. Sollte eine Kuh allerdings auf Sie losstürmen, so lassen Sie Ihr Haustier frei, um von sich abzulenken.

Schritt 2: Tätscheln Sie die Kühe nicht. Halten Sie Abstand, besonders wenn Kälber in der Nähe sind.

Schritt 3: Bleiben Sie auf den Wegen; wenn Sie durch eine Herde laufen müssen, verschrecken Sie die Tiere nicht. Sprechen Sie ein paar ruhige Worte, das macht die Kühe auf Sie aufmerksam, bevor Sie zu nahe gekommen sind.

Schritt 4: Passen Sie auf, dass Sie nicht zwischen eine Herde und einen Klippenrand geraten, falls Sie sich in einer Küstenregion befinden.

Schritt 5: Gehen Sie selbstbewusst durch die Herde hindurch, rennen Sie aber nicht, und blicken Sie einer Kuh niemals direkt in die Augen.

Schritt 6: Sollte sich ein Herdenmitglied Ihnen auf aggressive Art und Weise nähern, wenden Sie ihm nicht den Rücken zu. Wenden Sie sich ihm weiterhin zu, während Sie sich vom Acker machen, und vermeiden Sie plötzliche Bewegungen.

Schritt 7: Schlagen Sie ihm als letzten Ausweg mit einem Wanderstock kräftig und präzise genau auf die Nase.

Schritt 8: Führen Sie stets einen Wanderstock mit sich.

Zombie-Apokalypse herbeifantasieren

Fragen Sie einen Mann, wie er mit der Heimsuchung von Zombies umgehen würde, und er wird sehr wahrscheinlich eine komplexe und wohlüberlegte Antwort parat haben: Er würde sein Haus komplett abriegeln; die nächstgelegene Nahrungsquelle ausfindig machen; Waffen aus Haushaltsgegenständen herstellen und sich so lange verkriechen, bis sich ein geeigneter Ort für die gefahrlose Wiedergeburt der Menschheit finden lässt.

Es gibt unterschiedliche Gründe, warum der Durchschnittsmann derart auf die Zombie-Apokalypse anspringt und warum er derart viel Zeit mit diesbezüglichen Fantastereien verbringt. Hier sind drei davon:

1) Er müsste nicht staubsaugen.

2) Er müsste sich auf seine Überlebensinstinkte verlassen. Und alle Männer halten ihre Überlebensinstinkte für unfehlbar.

3) Die meisten Menschen, einschließlich seiner angeheirateten Verwandten und Kollegen, dürften mit Fug und Recht mithilfe einer an einen Besenstiel geschnallten Gartenschere beseitigt werden.

Über die Invasion von Außerirdischen und den atomaren Weltuntergang macht er sich ähnliche Gedanken. Wenn sie natürlich die harsche Realität einer Welt ohne Fernsehapparat und Kühlschrank vor Augen geführt bekommen, würden sich die meisten Männer – abgesehen von denen im tiefsten Süden der USA – gegen den Weltuntergang entscheiden.

Wie man einen Zombie um die Ecke bringt

Schritt 1: Trotz ihrer Langsamkeit und Wirrheit sind Zombies tödliche Wesen. Halten Sie sich wenn möglich auf Abstand.

Schritt 2: Verwenden Sie nur im äußersten Notfall ein Gewehr. Lärm erregt die Aufmerksamkeit der Untoten. Auch der Lärm eines Gegenstands, der ihnen das Hirn wegpusten könnte.

Schritt 3: Schützen Sie sich mit einer geeigneten Waffe, vorzugshalber mit einer langen und scharfen Waffe. Falls Sie gerade keinen Speer zur Hand haben, binden Sie einfach ein Küchenmesser ans Ende eines langen Stocks.

Schritt 4: Nehmen Sie eine feste Position ein, die Beine schulterbreit auseinander, und warten Sie, bis sich ein Zombie nähert.

Schritt 5: Sobald er in Reichweite ist, machen Sie einen Satz nach vorn und zielen mit Ihrer Waffe auf eines seiner Augen.

Schritt 6: Machen Sie sein Hirn mittels kreisförmiger Bewegungen zu Brei. Passen Sie auf, dass er komplett erledigt ist; dies ist die einzige Möglichkeit, einen Zombie zu töten. Sobald Sie von seinem Tod überzeugt sind, ziehen Sie Ihre Waffe zurück.

Schritt 7: Schauen Sie hinter sich. Einer von ihnen lauert ganz bestimmt hinter Ihnen.

Zustimmen, obwohl man nicht zustimmt

Ein Mann würde lieber gutes Geld für einen Teppich lassen, den er schrecklich findet, als das Einkaufserlebnis in die Länge zu ziehen.
Für Vorhänge und Geschirr genauso.